AF356261

10078

LE DISCERNEMENT DE LA VRAYE ET DE LA FAUSSE MORALE:

OÙ

L'on fait voir le faux des Offices de Ciceron, & des Livres de l'Amitié, de la Vieillesse, & des Paradoxes.

A PARIS,

Chez FLORENTIN & PIERRE DELAULNE, ruë S. Jacques, au dessus de la ruë des Mathurins, à l'Empereur.

M. DC. XCV.

AVEC PRIVILEGE DU ROY.

AVERTISSEMENT.

BIen des gens l'ont dit avant moy : Il n'y a rien de plus important, de plus inconnu , & de plus négligé que la Morale.

Quelques notions que chacun apporte en naiſſant , font que tout le monde croit la ſçavoir. Quelques maximes qui ſe débitent tous les jours, font que preſque tous la dédaignent , ou en parlent d'un air moqueur. En effet, on ſçait aſſez ce qu'elle a de général : c'eſt le détail qu'on en ignore, & dont on a beſoin ; mais ce détail eſt déſolant. Les paſſions s'y trouvent ſurpriſes dans tous leurs rafinemens , & dans toutes leurs adreſſes ; les ſens s'y trouvent réprimez, & l'imagination rabaiſſée. Les hommes toûjours sensibles n'ont donc garde de le goûter, quoy que souvent ils le demandent. Cependant il faut les instruire, pour ainsi dire, malgré eux. Pour cela, il faut les surprendre. Comment s'y prendra-t'on ? Chacun veut essayer de sa maniére; & la plus commune, c'est de divertir en donnant des leçons. Dans cette vûë, plusieurs se sont avisez de critiquer tous les états de la vie, toutes les passions, & tous les vices; afin qu'au milieu de mille différens portraits, chacun reconnût son caractére, & en sentît le ridicule. C'a été du moins un beau prétexte à la Satyre, & un moyen assûré pour apprivoiser les esprits. Mais l'expérience n'apprend que trop, que par là on n'obtient pas ce qu'on assûre qu'on se propose. Il arrive tout le contraire. Les hommes toûjours contens d'eux-mêmes,

AVERTISSEMENT.

ne se font nulle application de ce qu'ils lisent ; parce que personne ne veut rire de soi-même ; & l'un ne manque jamais d'appliquer à l'autre ce qui convient le mieux à sa propre personne. De maniére qu'au lieu d'établir la Morale, il se trouve qu'on la ruine de plus en plus ; parce qu'au lieu de faire rentrer les hommes en eux-mêmes , selon la fin qui luy est propre, on applique chacun d'eux aux défauts de son prochain ; & on répand l'esprit de raillerie & de critique directement contraire à la charité.

Un Auteur, que plusieurs éditions de son Livre ont rendu fameux, ayant connu l'usage qu'on faisoit dans le monde, de sa maniére de peindre les mœurs , a déclaré qu'il n'avoit point eu en vûë les personnes ausquelles on appliquoit ses peintures. Il faut l'en croire sur sa parole : mais on pourroit lui dire en ami, qu'en qualité de faiseur de caractéres, il devoit connoître celui du genre humain en général, qui est de sortir toûjours de lui-même pour chercher prise au dehors, & de s'acharner sur autrui, pour peu d'occasion qu'on lui en donne.

Ces maniéres de moraliser étoient permises aux Payens, qui vivoient dans les ténébres; & on doit les laisser aux Comédiens, qui n'écoutent pas l'Eglise, & qui méprisent les loix de la charité.

Il faut, si je ne me trompe, pour instruire les hommes, leur faire voir distinctement l'opposition de leurs maximes aux régles de la Raison; leur découvrir le principe qui les fait agir, & les rabattre sur eux-mêmes. Que ce soit en les divertissant, à la bonne heure; mais il faut qu'ils se conñoiſſent, & qu'ils ayent honte de ce qu'ils ſont. L'homme ſans la Religion, n'eſt que baſſeſſe & orgueil, quelque air de juſtice & de grandeur qu'il ſe donne ; c'eſt un juſte ſujet de confuſion.

Pour en convaincre mes Lecteurs, j'ai éxaminé tout ce qu'on admire le plus dans Ciceron , dont il ſemble que les Sages du monde ayent voulu faire leur modéle ; & j'ai fait voir que rien n'eſt plus faux , ni plus trompeur que ces grandes maximes qu'on tire de lui de pére en fils , & dont on fait toute la parure du beau monde.

Il eſt vrai que Ciceron ne pouvoit pas mieux dire , ni mieux faire que ce que nous voyons dans ſes écrits : mais il ne s'enſuit pas qu'il ait parlé pour les Chrétiens ; & on verra dans la ſuite de cet Ouvrage , que ſes diſcours ne peuvent ſervir qu'à répandre l'eſ-

prit du Paganifme. C'eft directement cet efprit trop chéri & trop
familier dans le monde, que j'attaque en critiquant Ciceron.

Si l'on ne trouve pas le nom
de quelques Auteurs dont je rapporte des paffages, c'eft qu'il me
femble que dans un Ouvrage de
cette forte, l'honnêteté ne permet pas de nommer ceux dont
on n'approuve pas les fentimens.
Qu'on nomme, ou qu'on ne nomme pas des Auteurs, cela eft indifférent à un Lecteur qui demande qu'on l'éclaire.

TABLE

DES CHAPITRES
Contenus dans ce Livre.

DES CHAPITRES.

TABLE

DES CHAPITRES.

DES CHAPITRES.

Fin de la Table.

LE
DISCERNEMENT
DE LA VRAYE
ET DE LA FAUSSE
MORALE.

CHAPITRE PREMIER.

Difference de l'ame & du corps. L'usage de la connoissance des biens de l'ame. Source des dereglemens de la vie. En quoy le pauvre & le riche sont également à plaindre.

L'HOMME ne peut se considerer sans reconnoître qu'il *pense* & qu'il y a en lui de *l'étenduë*. L'homme est donc composé de deux substances tres-différentes. Car on

A

ne peut rien concevoir de plus différent que *l'étenduë* & la *pensée*.

Ce qui *pense* est plus noble que ce qui est *étendu*. Les mêmes biens ne conviennent donc pas à l'une & à l'autre substance, & ceux de la substance qui *pense* sont preferables à ceux de la substance étenduë.

Pour découvrir quels sont les biens de ces deux substances qui sont *l'ame* & le *corps*, il faut examiner la nature de ces mêmes substances. Le *Corps* est divisible, corruptible par conséquent & sujet à la mort. *L'ame* est indivisible, incorruptible par conséquent, & immortelle. Il faut donc à l'un des biens qui périssent, & à l'autre des biens qui durent toûjours.

Les richesses, les honneurs & les plaisirs périssent, ils passent & il n'en reste rien. Ce ne sont donc pas des biens de l'ame. La verité & la justice ne passent point. Ce sont les seuls biens qui demeurent toûjours. Ce sont donc les seuls qui conviennent à l'ame.

Il est vray que n'y ayant dans l'homme que l'ame qui soit capable de sentiment, tout ce qui s'appelle *bien* ne regarde que cette substance. Cela peut jetter dans l'erreur; & afin de ne s'y pas tromper, il

ne faut pas ici conſiderer l'ame ſelon l'u-
nion qu'elle a avec le corps, mais ſelon
ce qu'elle eſt en elle-même. Entant qu'-
elle eſt unie au corps, tous les plaiſirs
ſenſibles ſont ſes biens, parce qu'ils lui
font aimer la vie préſente le païs des
corps qui ne peut ſubſiſter ſans le miniſ-
tere des ames, mais ils ne contribuent
en rien à ſa perfection, & ils y nuiſent
infiniment, ſi elle n'a ſoin d'en modé-
rer l'uſage ou de n'en prendre qu'autant
qu'il eſt néceſſaire pour la conſervation
de la vie & de la ſocieté. Ses vrais biens,
ceux d'où dépend ſa perfection & ſon ſolide bonheur; je veux dire les biens qui
la regardent telle qu'elle eſt en elle-même, ſont donc la verité & la juſtice.

Il eſt évident que l'homme qui ſur cette diſtinction de l'ame & du corps, &
ſur la difference des biens propres à ces
deux ſubſtances regle ſon amour & ſon
choix, ſe trouve dans l'ordre que Dieu
lui-même ſuit par la neceſſité de ſon être.
Car on ne concevra jamais que Dieu aime le plus ce qui eſt le moins aimable,
ni qu'il donne la preference au moins
noble. C'eſt auſſi de cette diſpoſition que
dépendent l'égalité & la fermeté d'ame
dont on parle tant, & dont on a ſi peu d'expérience. L'homme par là s'acquitte éga-

fement des devoirs de Sujet & de Supe-
rieur, il ne s'afflige point dans la dépendance, & il ne s'enorgueillit point du
pouvoir qu'il a de commander, ni l'ab-
battement, ni la fierté n'entrent point
dans fon cœur, il fçait s'élever dans ce
qui abbat les ames vaines livrées au
monde, & il fçait s'humilier dans ce qui
les éleve : toûjours au deffus de ce naufrage général, auquel les chofes corporelles font expofées, il voit paffer la
pompe & les calamitez du fiecle fans
perdre de veuë un moment ce qui peut
unir en lui la perfection & le bonheur.

Mais dans la dépendance où il eft de
fon corps, il fe trouve néceffairement
fous l'empire de l'orgueil, ou de la volupté, & affujetti par confequent à toutes
les paffions qui en dérivent. Dans cet
état que peut-il faire pour fe rendre parfait ? Le chemin de la perfection lui eft
inconnu, fes fens l'attirent fur tous les
objets fenfibles, fon imagination ne lui
reprefente que lui-même, & il trouve
une efpece de bonheur à fuivre ce qu'elle
infpire. Le voila donc determiné à s'attacher aux créatures ; & fur le principe qu'il
a fuivi il n'y a pas une paffion qui ne fça-
che fe juftifier & s'établir une morale.

En effet dans la fuppofition que l'hom-

me n'eſt fait que pour le monde preſent,
& que tout ce qui eſt en lui finit avec la
vie, ainſi que les ſens & l'imagination
le repreſentent, on ne peut mieux faire
que de chercher la grandeur & les plaiſirs; & dans cette vûë amaſſer des richeſſes, & cultiver des amitiez qui répon-
dent aux divers deſirs dont on eſt agité.
On ne peut pas les aſſouvir ces deſirs:
mais du moins on ſent du ſoulagement en
diverſifiant leur objet & en ne les contre-
diſant pas.

Si l'on examine bien la vie de preſque
tous les hommes, on connoîtra qu'elle
eſt une ſuite de ce raiſonnement qu'ils
font même ſans y penſer. La Terre eſt
une ſource qui ne tarit point; il ſe preſente à nous de toutes parts une matiere
féconde, & nous trouvons en nous-mêmes ce qu'il faut pour mettre en œuvre
cette matiere, nous en ſçavons tirer mille commoditez & mille agréemens, où
eſt le mal de s'appliquer en toutes les
manieres poſſibles les libéralitez de la
nature ? C'eſt un principe pour ne plus
s'occuper que de belles maiſons, d'emmeu-
blemens ſuperbes, des moyens d'éviter
ce que les ſaiſons ont de fâcheux & de ſe
donner ce que demande ou la magnificence, ou la molleſſe.

A iij

Ils trouvent en leurs chemin une infinité de créatures attirantes, des fruits & des fleurs de toutes les especes, des vins délicieux, des viandes exquises, des visages rians. Pourquoy, disent-ils, ne se pas servir de tous ces biens ? Tant de beautez, tant de bonnes choses sont-elles faites pour rien ? Que fait-on dans le monde sans un doux commerce ou d'amour ou d'amitié ? Aprés cela, quel amour pour la vie ? quel attachement à la Terre ? Peut-on songer à la quitter ? Faut-il que les années coulent si vîte ? Que ne donneroit-on pas pour en suspendre le cours ? vingt années de moins quel bonheur ! dix années de plus, quelle disgrace ! Il faut du moins ne se pas dire qu'on est vieux , & dissimuler son âge par toutes sortes de voyes.

C'est une expérience certaine qu'on ne fait rien dans le monde *sans la fortune.* Ceux qui ont pris les devants dans le chemin de la grandeur & des richesses, peuvent nous repousser encore, ou nous tendre la main. Il faut donc, disent encore les hommes sur le témoignage des sens, travailler incessamment à se faire des amis; & pour obtenir la faveur employer non-seulement les complaisances & les assiduitez, mais encore la flatterie,

& tout ce que les paſſions demandent.
On ne gagne le monde que par là. Ces
raiſonnemens ſont exacts dans ceux qui
ont renfermé leurs eſpérances dans le
temps, & qui ne comptent que ſur la vie
ſenſible. Rien n'eſt plus naturel dans leur
ſyſtême que l'engagement de deux cœurs
qui s'occupent continuellement l'un de
l'autre : rien n'eſt plus légitime que de
relever l'extérieur de ſa perſonne, & ſe
donner autant d'éclat qu'il eſt poſſible.
On veut eſtre grand, & on veut eſtre
heureux. Ce ſont des inclinations naturelles, & qui ne peuvent eſtre ſans effet. Dans ce monde rien n'eſt grand que
ce qui brille & ce qui fait fracas. On n'eſt
heureux que par les plaiſirs ſenſibles. On
a donc raiſon encore un coup de chercher ces plaiſirs, & de mettre tout en u-
ſage pour briller quand on ſe borne à ce
monde. Auſſi voyons-nous qu'il n'eſt
compoſé que de pompe, de galanterie,
& de ſpectacles, où ſe trouve une troupe
d'inquiets attachez par les yeux & les
oreilles, à cauſe ſeulement qu'on y amu-
ſe le deſir inſatiable qu'ils ont de la grandeur, & le penchant invincible qu'ils
ont pour la felicité.

Dans un tel monde, que peut faire un
homme pauvre ? S'il en a le goût où en

est-il? C'est un miserable qui n'est digne que de mépris, & qui ne doit avoir part à aucune societé. Il fait horreur à ceux qui sont dans l'opulence, parce qu'il ne leur fait naître que des idées directement opposées au bonheur qu'ils ont choisi. C'est sur ce fondement qu'on a dit que la pauvreté est la *meurtriere des vertus*, parce qu'il ne se peut qu'un amateur du monde ne tente également la fraude & la violence pour se tirer de cet état : & je défie tous les mondains de montrer par leurs principes que le pauvre a tort lorsque sa misere le fait tomber dans quelque excés que ce puisse estre. Car en vertu de quoi lui objecteroient-ils la Loy de Dieu, eux qui ne la suivent ni dans l'acquisition ni dans l'usage de leurs richesses? Cette Loi sainte n'at-elle pour fin que de les maintenir en paix dans leurs injustes possessions?

Il faut donc demeurer d'accord que le pauvre & le riche, épris de l'amour des biens sensibles, raisonnent & agissent conséquemment; mais ils doivent convenir aussi que c'est parce qu'ils n'aiment que la Terre, & qu'ils ne se proposent que la conservation, la durée & les agréemens d'une vie corporelle. En tout autre principe ce sont des insensez. J'en ai déja dit les raisons.

CHAPITRE II.

Erreur de ceux qui veulent établir deux lumieres dans l'homme. Principe de cette erreur. Comment la Raiſon nous inſtruit. Excés de ceux qui ne l'ont point connuë. Avantage de ceux qui la connoiſſent & qui rentrent en eux-mêmes.

LEs hommes ſentant bien que dans la préférence qu'ils donnent à des biens périſſables ils ne ſuivent pas les régles de la Raiſon, & pourtant voulant paroître raiſonnables dans leur choix & dans leur conduite, imaginent une double Raiſon. Il y a, diſent-ils, une Raiſon ſupérieure & divine, qui eſt le principe des actions éminentes ; mais que perſonne ne ſçauroit ſuivre par ſoi-même : il y a une autre Raiſon qu'on appelle Raiſon humaine. C'eſt celle-là qui eſt à la portée de tous, & qui fait definir l'homme *Animal raiſonnable.*

Ceux qui par cette diſtinction ne prétendent point s'éloigner de leurs devoirs, diſent que l'uſage de la Raiſon humaine ≈ c'eſt de rechercher la verité, ∞

» de ne donner au corps que de quoi le
» foûtenir, de refifter à l'appetit, d'eftre
» toûjours tranquile, de s'aider les uns
» les autres, de faire de la juftice l'uni-
» que regle de fes actions ; mais que c'eft
» à la Raifon divine à regler le principe,
» par lequel nous devons agir & la fin
» que nous devons nous propofer. Voilà
un beau fyftême. Mais qui leur a dit que
la Raifon humaine demeure dans les bornes qu'ils lui donnent ? Ne dit-elle point
auffi qu'il eft à propos de rechercher les
honneurs & les richeffes, & de ne pas
laiffer échaper le temps des plaifirs ?
L'avare croit-il être depourvû de cette
efpece de Raifon, en craignant toûjours
de dépenfer trop-tôt ? Le Prodigue pré-
tend-il ne la pas fuivre, lorfqu'il fe hâte
de dépenfer, parce que la vie coule trop
vîte, & qu'il veut effayer de tous fes a-
gréemens ? La Raifon humaine fe bor-
nant au monde prefent, aux ufages & à
l'opinion des hommes, il n'y a pas une
paffion qui ne puiffe la mettre dans fon
parti.

De plus de quelle nature eft-elle cette
Raifon ? eft-ce quelque chofe de commun
à tous, ou de particulier à un chacun ?
Eft-ce quelque chofe d'invariable ou de
changeant ? Si elle eft commune à tous &

invariable peut-on l'appeller *humaine?*
Si elle eſt particuliere & changeante peut-
on en faire une regle fixe & certaine?

On attribuë quelquefois à cette Raiſon ,, de faire retirer l'homme au dedans «
de lui-même, pour rechercher la verité, «
de le mettre en garde contre les ſens «
& les douceurs de la volupté, de le ren- «
dre attentif à ſes devoirs, équitable, bien- «
faiſant, amateur de la ſocieté & du bien «
commun, indifferent pour le plaiſir & «
la douleur, uniquement ſenſible à la «
vertu. Je ne voi pas comment on peut
aprés cela ne lui pas attribuer le renoncement à ſoi-même : car aſſurément il eſt
compris dans cette pratique.

On feroit mieux, ce me ſemble, de
convenir qu'on prend l'imagination pour
une Raiſon humaine, & la vraye Raiſon
pour une Raiſon imaginaire. S'il y a une
Raiſon humaine, c'eſt l'inſtinct qui nous
porte vers les biens de la vie préſente,
c'eſt ce qui eſt en nous formé des impreſſions que les objets ſenſibles font ſur
nous, impreſſions d'où naît l'eſprit du
monde, & qui rempliſſent l'ame d'idées
& de ſentimens contraires à ſes véritables interêts. Auſſi appelle-t'on dans certain temps cette prétenduë Raiſon, *pru-*
dence de la chair, raiſon volage, char-

nelle, téméraire, superbe: ce qui fait aſſez entendre qu'on la regarde plûtôt comme l'abus de la Raiſon, que comme la Raiſon même.

Il ne peut donc y avoir deux Raiſons. Cela eſt évident. La verité eſt une & indiviſible. La Raiſon d'où elle dépend eſt donc une & indiviſible. La verité eſt éternelle & preſente à tous les eſprits : on a connu dans tous les temps, & il n'eſt pas néceſſaire de l'apprendre les uns des autres, qu'il ne faut pas avoir deux meſures, l'une pour noſtre prochain, & l'autre pour nous-mêmes. La Raiſon où ſe lit cette verité eſt donc univerſelle, & nous apprend à tous la même choſe quand nous voulons la conſulter.

C'eſt pourquoy ſaint Auguſtin n'a pas jugé qu'on pût reconnoître d'autre Raiſon que le Verbe de Dieu, qui ſeul peut être la lumiere des Eſprits, & les conduire dans quelque état qu'on les ſuppoſe. Et il eſt certain que tout ce qui s'eſt jamais dit de ſolide ſur la Raiſon ſe rapporte néceſſairement à ce principe. D'où il s'enſuit que ce qu'on appelle nôtre Raiſon, n'eſt autre choſe que la diſpoſition de nôtre nature à conſulter la Raiſon ſubſtantielle la ſource de toute verité, & par conſéquent la lumiere de toues les intelligences & de Dieu même.

On voudroit peut-être que des Esprits éclairez par une Raison si sublime & si puissante ne fussent plus sujets à l'erreur & au déreglement : mais c'est qu'on ne pense pas à la corruption de la nature, à tous ces sentimens dont nous ne sommes point les maîtres par l'assujettissement de l'ame au corps, & qui nous détournent de cette Raison, ou qui ne nous permettent pas de suivre ce qu'elle nous prescrit. C'est une vaste & invariable lumiere toûjours présente, toûjours parlante, mais qui n'émeut point l'ame, & dont la voix ne prévaut point contre la douceur attachée aux impressions des objets sensibles. Il est étrange que cela soit ainsi. Mais la Raison n'en demeure pas là. Pour attirer nôtre attention & nous rendre flexibles à ses remontrances, elle se rend sensible, elle s'incarne, & joignant à des paroles corporelles une nouvelle espece de sentiment qu'elle nous imprime, elle nous fait contempler & mettre en pratique les véritez qu'elle nous dicte comme pure Raison.

C'est précisément parce qu'on n'a pas connu cette conduite de la Raison substantielle, qu'on a imaginé deux sortes de Raisons, l'une foible & impuissante qui nous appartient, l'autre forte & efficace qui appartient à Dieu. Et c'est sur ce faux principe qu'on a fait tant de divisions de Morale, de vertu, de beatitude. La Morale naturelle n'a plus eu rien de commun avec la Morale Chrétienne. On a fait des vertus purement civiles : & parmi les miseres innombrables des passions on a trouvé le bon-heur. On est allé plus loin : on a fait de l'amour propre le fondement de la Morale, parce qu'en effet la prétenduë Raison humaine ne pouvant avoir pour fin que la conservation de la vie , & l'acquisition des biens sensibles , toute Morale bâtie sur cette espece de Raison ne peut rouler que sur des interêts temporels. On met à part les devoirs fondez sur la révélation , & on se sert de la Raison pour contenter les passions , & faire durer une vie animale.

Cependant la lumiere naturelle nous découvre que ce qui pense est préferable à ce qui est étendu, que ce qui est étendu en nous doit servir à ce qui pense en nous, d'où il s'ensuit clairement que le monde présent est pour un monde futur, & que le corps doit servir à la perfection de l'ame.

La même lumiere nous découvre que

la creature n'eſt faite que pour le Createur, & que des intelligences ne peuvent s'unir à lui qu'en reglant leur choix
& leur amour ſur le ſien. D'où il s'enſuit évidemment qu'on ne peut que par
erreur ſéparer les devoirs de la nature
de ceux de la Religion , dont tout le
but eſt de nous unir au Createur.

J'avoüe que ſans le ſecours de la révélation l'Eſprit ne pourroit pas connoître
diſtinctement ces véritez. Mais enfin il
les tient de la lumiere naturelle, où la
révélation le ramene ; & ſi on joint à
cette connoiſſance des réflexions ſérieu-
ſes ſur l'état où nous nous trouvons, ſur
l'impuiſſance de ſuivre la Loy qui nous
ſollicite , & qui nous preſſe , ſur la con-
trarieté de nos volontez, ſur tant de ſentimens que nous ne pouvons ſuſpendre,
on ne doutera pas un moment que la nature ne ſoit corrompuë , on en cherchera le Reparateur, & on verra clairement
ce que je viens de marquer, qu'il eſt venu pour nous remettre ſur les voyes que
nous avions laiſſées , mais principalement pour nous donner la force de nous
y ſoûtenir contre le poids fatal qui nous
abbaiſſe continuellement vers la Terre.

Quand on en eſt là, on ne fait point
pluſieurs ordres de vertu, on n'en recon-

noît que dans les actions qui tendent directement à nous rendre semblables à
nôtre Auteur, ou qui sont les suites des
jugemens que nous portons de ses attributs, & du mouvement que nous avons
vers lui : on ne se partage point sur la
nature du souverain bien, & du souverain mal de la vie presente : & on juge
sans peine que comme la volupté & la
douleur sont tout le bien & tout le mal
de ceux qui se sont livrez aux biens sensibles : de même la soûmission parfaite
aux Loix marquées dans la lumiere naturelle, & retracées dans l'Evangile, est
le souverain bien de ceux qui attendent
la vie future : tout leur mal est de sentir
en eux-mêmes une Loy opposée à la Raison, & de céder quelquefois à cette Loy
funeste.

CHAPITRE III.

Opinion touchant les Sages du Paganis-
me mal fondée. Contradictions de
ceux qui les préconisent le plus.

LA Raison étant la lumiere commune
à laquelle tous les Esprits participent
quoique tous ne la consultent pas également,

ment, il ne faut pas s'étonner si les
Payens mêmes ont dit souvent des choses
tres-conformes à ce qui nous est retracé
dans l'Evangile. Mais ce qu'on devroit
remarquer, c'est que leurs plus belles
idées se trouvent toûjours confonduës
avec des sentimens de vanité qui les ob-
scurcissent de maniere que si l'Esprit s'é-
leve il se replonge aussi-tôt, & toûjours
flottant entre la lumiere & les inspira-
tions des sens & de l'imagination ne se
fixe jamais à rien.

C'est l'état inévitable de tous ceux qui
n'ont point connu Jesus-Christ. Je l'ay
prouvé suffisamment, & je ne comprens
pas comment certains Philosophes charmez de quelques pensées vagues, sans suite & sans principe, prétendent nous donner les Socrates, les Platons, les Epicte-
tes, les Cicerons pour des hommes divins, & osent, disent-ils, leur demander leur intercession auprés de Dieu. Ce
sont des emportemens dignes de com-
passion, parce que non-seulement ils sont
opposez à ce que la Religion nous enseigne, mais encore à des véritez de fait,
je veux dire à l'expérience que nous a-
vons de ce qui se passe en nous-mêmes.

Il y en a d'autres qui sont plus modérez. Ils se contentent de dire que de l'é-

tat de ces *grands Hommes*, il n'y a qu'un pas à faire à la Religion Chrétienne, & qu'ils la touchent, pour ainsi dire, du bout du doigt. Ces *grands Hommes*, disent-ils, ont eu des idées chrétiennes & des sentimens chrétiens, il ne leur manquoit qu'un bon principe & une bonne fin. Ce principe est l'amour de Dieu; & cette fin est la vie éternelle qui nous est revelée par Jesus-Christ. Mais puisque ce principe & cette fin leur ont manqué, comment auroient-ils pû avoir des sentimens chrétiens? Quand ce n'est pas l'amour de Dieu qui nous fait agir, c'est l'amour de nous-mêmes. Quand nous n'agissons pas en vûë de la vie éternelle, nous n'agissons que pour la conservation de la vie presente, & en veuë des biens sensibles. Quel rapport y a-t-il d'un Chrétien à un homme toûjours plein de lui-même, & dont tous les mouvemens, & toutes les actions se terminent au monde present? Quelles instructions mêmes peut-on recevoir de ces gens qui n'ont connu ni le principe de nos maux, ni celui de nôtre perfection & de nôtre bonheur?

La matiere d'un Chrétien, disoit autrefois un de ces admirateurs des Sages du Paganisme, *la matiere d'un Chrétien*

c'eſt un homme. D'un homme on peut ai- «
ſément faire un Chrétien. Mais comment «
faire un Chrétien de celui qui n'eſt pas «
homme ? Il appelloit *homme*, celui qui
ſe conduit par la prétenduë Raiſon humaine ; & ſuivant ſon raiſonnement les Sages Payens avoient infiniment plus de
diſpoſition que le commun des hommes
à recevoir la Religion Chrétienne : jugement directement oppoſé à celui de ſaint
Paul qui a toûjours regardé ces prétendus Sages comme les plus grands ennemis de la Croix.

En effet, ſi, ſelon cet Auteur, celui-là
n'eſt pas homme qui ne *diſtingue pas ſes*
paſſions de ſa Raiſon, qui eſt livré aux
impreſſions de ſes ſens, qui ne connoît
point ſa veritable fin. Comment a-t-il pû
penſer qu'on pût être homme, en la maniere qu'il l'entendoit ſans être Chrétien?
Puiſque ſelon toute l'Egliſe, & l'experience de ceux qui s'étudient un peu, ſans
la Foy en Jeſus-Chriſt on ne diſtingue
que confuſément les paſſions de la Raiſon, on ne peut éviter un vice que par un
autre, on eſt emporté par les ſens, on
eſt dans l'impuiſſance de connoître ce
qu'on eſt & ſa veritable fin.

On ne peut ſuivre un ſi faux principe
ſans tomber en pluſieurs contradictions.

On trouve dans les paroles d'un Payen tout ce que pourroit dire un Chrétien *des plus saints & des plus parfaits* ; & incontinent aprés, on dit qu'il n'a pas connu la *dépravation de nôtre nature, que nôtre propre experience ne nous confirme que trop.* Où est la lumiere de celui qui ne connoît pas ce que chacun peut connoître par sa propre experience ? Et que peuvent apprendre des hommes corrompus de celui qui ne connoît pas leur corruption ?

On lui attribuë d'avoir suivi exactement la lumiere naturelle, & on avouë qu'il n'a pas reconnu nôtre impuissance pour le véritable bien, comme si la lumiere naturelle ne nous découvroit pas pour peu que nous la consultions, que nous ne tirons rien de nôtre propre fonds, & qu'il n'y a que celui qui nous a donné l'être qui puisse agir en nous.

On nous dit que la *Raison éternelle ne nous a donné ce que nous avons de raison que pour nous mettre en état de discerner ce qu'elle approuve & ce qu'elle condamne,* & on veut que sans faire ce discernement le sage Payen ait fait un bon usage de sa Raison. Mais peut-être s'étoit-il *rendu capable de la consulter,* en ne s'appuyant que sur ses propres forces, & en ne recherchant que sa propre gloire.

On ne demande pour ce Sage que l'*Eſ-*
prit de Foy & de Charité. Avec ce double
eſprit il n'y a rien qu'il ne faſſe. Mais ſi
celui qui n'a point cette ſageſſe reçoit
en même degré ce même eſprit, ſera-t-il
Chrétien moins parfait, ſera-t-il moins
éclairé ſur l'ordre de ſes devoirs & ſur la
nature des vrais biens ? Y a-t-il plus à re-
faire par exemple dans un Epicurien que
dans un Stoïcien ? L'un ſe dépoüille-t-il
plus aiſément de ſa fierté, de l'idée qu'il
a de lui-même, que l'autre de l'idée qu'il
a des plaiſirs ?

On convient pour ne pas donner trop
à la Raiſon humaine, que rien *ne ſçau-*
roit plaire à Dieu que ce qui part d'un
principe ſurnaturel de charité que lui ſeul
nous peut donner ; mais on n'entend pas
toûjours bien ce qu'on dit. Ce principe
ſurnaturel n'eſt point different de la Foy
en Jeſus-Chriſt, ſans laquelle l'homme
ſe trouve dans l'impuiſſance de diſcerner
les vrais biens, ne peut rechercher que
lui-même, & obeït invinciblement à ſa
paſſion dominante. Ce qui fait aſſez voir,
que les plus grands ſentimens des Philoſophes Payens n'ont été qu'une pure oſtentation, directement oppoſée à la vertu. C'eſt ſur ce principe que ſaint Auguſtin dit : *Que les véritez qui ſe trou-*

,,vent dans les Livres des Payens, ap-
,,partiennent à Jesus-Christ, & qu'étant
,,le bien de nôtre Maître, nous avons
,,droit de les prendre & d'en profiter.
Rien sans doute ne lui appartient davantage, puisque c'est lui comme Raison
éternelle qui les renferme & qui les découvre à tous les Esprits, & que c'est
encore lui seul, qui comme Raison incarnée nous y attache & nous soûtient.
On conçoit aisément par le langage du
saint Docteur que la vérité ne peut être
que profanée par les Payens, & qu'elle
n'est l'heritage que des hommes régé-
nerez en Jesus-Christ.

CHAPITRE IV.

*Bassesse de ce qu'on appelle vertus hu-
maines. Pourquoy on a fait des vertus
de ce qui ne l'est point. En quoy l'a-
mour propre est un mal, & en quoy il
est un bien.*

SI l'on examine bien la nature des vertus qu'on attribue à la prétenduë Raison humaine, on trouvera qu'elles ne
sont qu'un trafic perpetuel de l'amour
propre qui sacrifie tout à lui-même. Un

homme peſe & meſure tout ce qu'il dit,
il eſt toûjours en garde pour ne pas être
ſoupçonné de legereté, il prévoit aujour-
d'huy ce qu'il fera demain , il regarde
toûjours autour de lui ; il ne ſe laiſſe point
ſurprendre : c'eſt un homme qui cherche
de l'eſtime & de la confiance , qui demande ſecretement qu'on le regarde & qu'on
l'admire, qu'on ſe le propoſe pour modele , qui ne veut point qu'on l'incommo-
de. Il n'employe ni la fraude , ni la violence , il ne veut faire injure à perſonne,
il eſt bon ami, bien-faiſant, liberal ; c'eſt
un homme qui demande qu'on le recherche , qu'on le cultive, qu'on s'attache à lui. Il ne ſe plaint point dans les
adverſitez , & la proſpérité ne change
point ſa contenance ; c'eſt un homme qui
demande qu'on le diſtingue des ames vul-
gaires , & qui veut ſe dire à lui-même,
qu'il n'eſt pas fait comme le reſte des
hommes. Il eſt modéré dans toutes ſes actions, il hait toutes ſortes d'excés , on ne
le voit faire ni trop ni trop peu ; c'eſt
un homme qui ſonge à faire durer ſa vie
le plus qu'il lui eſt poſſible & à joüir longtemps du plaiſir d'être approuvé , d'être
aimé. Il n'y a là, ce me ſemble que des
effets de l'amour propre. Or toutes les
vertus s'accordent à combattre l'amour

propre. La prudence le reprime, la juſtice le dépoüille, la force le ſacrifie, la tempérance le mortifie. On ne peut donc pas dire qu'aucun des effets qu'il produit ſoit une vertu, & il faut tomber d'accord que les plus beaux dehors d'un homme qui ne cherche que lui-même ne ſont que de ſimples apparences qui couvrent un fonds effroyable de corruption.

Si l'on avoit pris garde qu'on appelle *Raiſon humaine*, ce qui n'eſt que cet injuſte penchant, par lequel nous rapportons tout à nous-mêmes. On ne ſe ſeroit pas aviſé de donner un principe auſſi deteſtable que cette eſpece de raiſon à une choſe auſſi vénérable que tout ce qui mérite le nom de vertu. Ce qui trompe, c'eſt que les ſoupleſſes de l'amour propre tout injuſte & profane qu'il eſt, ſuppoſent un certain uſage de la vraye & unique Raiſon : & comme indépendamment du principe qui nous fait agir, & de la fin que nous nous propoſons, une conduite qui a quelque conformité avec la Raiſon contrribuë au bien de la ſocieté. Les hommes charmez des fruits de cette conduite ont fait des vertus de tout ce qu'ils ont remarqué. C'eſt pourquoy un Auteur de ce temps dit que les *vertus humaines ne doivent pas eſtre décriées autant*

autant qu'on les décrie, que si elles ne servent pas au salut, elles sont destinées au bien de la societé temporelle, qu'elles partent du dessein de l'Auteur de la nature, qu'elles font partie de son Plan. Pendant qu'il a regardé les vertus humaines comme des effets de l'amour du monde & de soi-même, il en a parlé comme d'autant d'impostures : il les a appellées un commerce de vanité. Le Heroïsme même lui a paru une extravagance, & il a jugé les hommes dignes avec leurs prétenduës vertus, d'un opprobre éternel : mais en les regardant par un certain ordre de justice qu'elles representent, il n'a plus jugé à propos qu'on les *décriât tant*, parce qu'il n'a pas distingué ce qui contribuë à la perfection de l'ame d'avec ce qui ne sert qu'au bien de la societé en telles ou telles circonstances.

L'homme qui dans tout ce qu'il fait n'a que des vûës humaines, ou n'agit que par attachement au monde & à lui-même, est abominable devant Dieu; & si ses actions malgré leur mauvaise racine, & la bassesse de leur objet font de bons effets dans la societé, ce n'est nullement l'ouvrage de l'homme, c'est celui de la sagesse du Createur, qui par sa

C

prescience infinie a sçû tirer de nos sentimens & de nos desirs les plus déreglez
dequoy entretenir une société qu'il aime, parce qu'elle lui fournit dequoy for-
mer l'ouvrage qui est le suprême objet de
sa complaisance.

C'est en ce sens que les vertus humaines sont *dans le Plan de Dieu.* Pendant
que l'homme dans ses actions, ne se
tourne que vers lui-même, la souveraine
Raison qui seule l'éclaire, & qu'il ne
connoît pas, en fait l'usage que demande
le bien commun.

On peut donc être dans le desordre,
& agir selon l'ordre, faire ce que demande la Raison, & être déraisonnable :
on le peut, puisque d'une part des œuvres ne sont bonnes que parce qu'elles
sont conformes à l'ordre & à la Raison ;
& que de l'autre rien n'est plus opposé à
la lumiere naturelle que cet amour aveugle de nous-mêmes, qui tend à tourner
les esprits & les cœurs vers nous-mêmes,
& qui pourtant se borne à une satisfaction de quelques jours.

Le peché ne se trouve pas dans les œuvres dont je viens de parler. Cela est certain : mais il est énorme dans le principe
& dans les vûës de celui qui agit. Plus ses
œuvres ont d'éclat, plus il s'oppose lui-

même à ſon Auteur. Car l'attachement à ſoy-même & à la vaine gloire eſt la meſure de cet éclat ; & l'oppoſition à Dieu eſt proportionnée à cet attachement.

Il s'enſuit de ce même principe qu'il ſe peut faire que la bonté de cette ſorte d'œuvres ſoit ſi peu conſiderable que l'amour propre n'y ait point de part, & que l'amour de la juſtice qui ne peut être entierement banni du cœur humain, les ait produites. On ſçait aſſez qu'une cauſe foible ne peut produire que de petits effets. Et qu'y a-t-il de plus foible en nous que l'amour de la juſtice quand Jeſus-Chriſt ne s'en mêle pas ?

Or bien que l'amour propre ſoit une ſource corrompuë, on peut pourtant deſirer d'être heureux, en quoy conſiſte l'amour propre : & ſi par ce deſir qui eſt legitime en ſoy & invincible en nous on aime la juſtice, & on cherche la veritable cauſe du bonheur, l'amour propre n'eſt plus un mal, c'eſt un bien : ce n'eſt plus un amour propre aveugle qui eſt à lui-même ſa fin, c'eſt un amour propre raiſonnable, un amour propre éclairé, qui fait mépriſer une ſatisfaction paſſagere, fondée en imagination, pour chercher la félicité qui ſe trouve dans la ſource de tous les biens.

C'eſt en ce ſens qu'on peut dire que *l'amour de Dieu eſt le bon ſens de l'amour propre ; que c'en eſt l'eſprit & la perfection : que l'amour propre ne peche point en excés , mais ſeulement en direction, parce que l'excés peut être dans l'objet ; mais non pas dans la meſure de l'amour de nous-mêmes. Qu'enfin la vertu n'eſt qu'une maniere de s'aimer ſoi-même beaucoup plus noble & plus ſenſée que toutes les autres.*

L'homme ne veut point ſouffrir de douleur, il aime invinciblement le plaiſir. Il s'aime donc invinciblement lui-même. Car nôtre plaiſir n'eſt point différent de nous-mêmes. Or cet amour ne ſçauroit être ſans action, & nous ne devons pas être nôtre fin à nous-mêmes. Il faut donc qu'il ſoit le motif de nôtre ſoûmiſſion à l'ordre de la juſtice qui comprend l'amour de Dieu.

C'eſt pourquoy dans toutes les Loix qui nous ſont propoſées, le Legiſlateur ſuppoſe que l'homme s'aime lui-même ; & par cette raiſon fonde toûjours ſes ordonnances ſur des promeſſes & des menaces. C'eſt là, ſi je ne me trompe, le point de vûë, d'où l'on peut reconnoître la place que peut tenir l'amour propre dans la Morale.

CHAPITRE V.

Maniere d'inſtruire les hommes ſur ce que c'eſt que Vertu. *L'exercice de la Prudence, de la Juſtice, de la Force, de la Temperance. L'objet de toutes ces vertus. Vain prétexte de ceux qui ne font point d'uſage de leur Eſprit.*

POur parler exactement des vertus, il faut en donner une définition qui ſoit reçûë de tout le monde. *Ce ſont des habitudes de l'ame produites par pluſieurs actes qui ſont les fruits d'un eſprit éclairé & d'une volonté droite.* Or c'eſt la Raiſon qui eſt la lumiére des eſprits : & la droiture de la volonté dépend du bon uſage que nous faiſons de nôtre mouvement pour le Bien.

Nous ne pouvons apprendre de la Raiſon tout ce que nous ſommes ſans le ſecours de la révélation ; & nous ne pouvons ſans la grace de Jeſus-Chriſt ſacrifier les faux biens au véritable. La conſéquence eſt facile à tirer.

Mais il ne ſuffit pas de ſçavoir que ſans la révélation & la grace, il n'y a point de vertu qui ne ſoit vaine & illuſoire. Puiſ-

que la vertu n'eſt qu'une expreſſion de la
vérité, & de la Loy qui nous parle au
fond du cœur, il faut ſans ceſſe rappeller
les hommes à cette vérité & à cette Loy
intérieure : il faut leur approcher le flam-
beau dont ils ſe ſont détournez , pour
leur faire reconnoître la nature de leurs
actions : il faut leur faire comparer leurs
maximes avec cet objet où ils trouvent
écrit en tout tems : *Il faut, & il ne faut
pas.* On leur parle comme s'ils étoient
inſtruits de ce qu'il y a de fondamental
dans la Morale. On leur ſuppoſe la connoiſſance de la Loy univerſelle & de leur
nature propre. Quelle erreur ! Jamais ils
n'ont fait réfléxion ſur ce qu'ils éprouvent en eux-mêmes. Leurs idées ſe pré-
ſentent & s'éclipſent ; leurs ſentimens
paſſent & reviennent continuellement ; ils
n'en demandent ni l'origine, ni le principe : ils s'en tiennent aux objets qui leur
frappent les ſens : la différence de leur
ame & de leur corps leur eſt inconnuë,
ils ne peuvent donc pas ſçavoir ce qu'ils
ſont. Cependant on leur parle de peines
& de récompenſes, on leur fait de grandes peintures, on leur propoſe des exemples : quelle application s'en peuvent-ils
faire, eux qui ne ſe connoiſſent pas ? Il
eſt certain que ne ſentant pas ſurquoy ce

qu'on leur dit eſt fondé, ils n'en peuvent être touchez. On leur décrit leurs devoirs; mais ce ſont les principes de ces devoirs qu'il faudroit leur découvrir, c'eſt aux vertus qui ont la vérité & la juſtice pour fondement qu'il faudroit les rappeller. Sans la connoiſſance de ſoy-même & de la Loy intérieure, point de lumiére, point de ſentiment raiſonnable. Mais ſi l'eſprit s'éléve juſques-là, il reconnoît bien-tôt que l'exercice de tout ce qu'on appelle *vertu*, c'eſt:

1. De prévoir les ſuites de tel plaiſir, ou de telle douleur; de comparer le tems avec l'éternité; de diſtinguer ce qui eſt pour l'ame & ce qui eſt pour le corps; de prendre toutes les précautions poſſibles pour diſcerner le véritable Bien dans toutes ſortes de circonſtances. C'eſt là que toutes les vûës humaines s'évanoüiſſent, & que tous les deſſeins ambitieux ſe briſent.

2. C'eſt de n'aimer que ce qui peut nous rendre parfaits & heureux; de mépriſer tout ce qui éloigne de la perfection, qui ſeule peut être le principe du ſolide bonheur; de donner à chaque choſe le rang qui lui convient. C'eſt là que toutes les richeſſes du monde ſont un atome; que tous les honneurs du ſiécle

font confondus ; que tous les plaisirs des sens s'anéantissent. Là finit la flatterie, la dissimulation, le soin de plaire aux hommes. On rend sans peine à un chacun ce qui lui appartient.

3. C'est de regarder la douleur comme un bien, quoiqu'on la sente comme un mal ; de la porter sans murmure & de s'en juger digne. C'est là que la prospérité échoüe, & que l'adversité en prend tous les caractéres. Là commencent l'égalité d'esprit, & la fermeté de cœur, le renoncement à soy-même, la plus profonde humilité.

4. C'est d'avoir autant d'indulgence pour les autres, que de rigueur pour soy-même ; d'être le seul que l'on condamne & qu'on maltraite. De-là le calme intérieur, la paix & la concorde, la satisfaction de tous.

On ne peut penser, ce me semble, que la vertu conçûë sous cette idée qui est la seule qui luy soit propre, se borne à des biens fragiles, & à une vie passagere. Il est vray qu'en chemin faisant elle défend les uns, elle se dépoüille pour les autres, elle conduit ceux-cy, elle épargne ceux-là, elle ne dispute rien, elle fait du bien à tous : ce qui sert merveilleusement à entretenir la societé humaine : mais ſon grand & véritable objet ne peut être qu'une éternelle ſocieté, qu'un bien qui renferme tous les biens, parce qu'il n'y a qu'un tel objet qui réponde à ſon principe. C'eſt auſſi dans cette vûë qu'elle ne demande ni les loüanges, ni l'eſtime des hommes ; elle viſe à leur perfection, & ſe contente de les mettre ſur les voyes de la félicité commune.

Il faut donc demeurer d'accord que la diſtinction de vertu civile, & de vertu chrêtienne, eſt chimérique ; qu'il n'y a point de vertu qui ne ſoit chêtienne, que les devoirs de la vie civile ſont liez avec ceux de la Religion, puiſque la Religion n'eſt que la Raiſon même accommodée à nôtre état, & qui par de nouveaux ſentimens nous rappelle à elle, ainſi que je l'ay expliqué.

Mais les hommes toûjours aimant à ſe tromper eux-mêmes ne quittent un faux fuyant que pour s'en préparer un autre. La Morale, diſent-ils, ſe trouve dans l'Evangile. Nous devons nous borner là. Il n'eſt pas néceſſaire de ſçavoir tant de choſes pour la mettre en pratique. Tout ſe réduit à la pratique, j'en conviens. Mais d'où vient qu'on ſe méprend ſi étrangement dans la pratique, ſi ce n'eſt parce qu'on n'a pas des idées diſtinctes ? N'eſt-il

pas évident que Jesus-Chrift fuppofe ces
idées dans fa Morale ? On agit quelquefois, je l'avoüe encore, fans penfer feulement qu'on les fuive, & fans qu'elles
puiffent fervir à faire des raifonnemens;
mais cela n'empêche pas que les actions
ne s'y rapportent, & qu'on n'en foit ve-
ritablement éclairé, par l'impreffion de
l'onction fainte, qui tournant le cœur
vers le vray Bien, tourne l'efprit vers la
lumiére fans apprendre à raifonner. C'eft
une voye tres-fûre & tres-abrégée. Mais
que diroit-on d'un homme, qui fuivant
en toutes chofes fes paffions, diroit qu'il
attend la grace pour s'avifer de faire le
Bien ? Penfe-t'on que celui qui remet le
bon ufage de fon efprit au tems qu'il re-
cevra l'abondance de la grace foit beaucoup plus raifonnable ? Si on demeure
dans ce principe, comment les hommes
s'inftruiront-ils les uns les autres ? fera-
ce celui qui aura le plus lû qui fera le plus
éclairé ? Et laiffera-t'on-là celui qui aura
le plus médité les véritez effentielles ,
jufqu'à ce qu'on ait révélation que la grace habite dans fon cœur ? Encore faudra-
t'il qu'il ait appris à parler par fes méditations. Car ordinairement la grace ac-
tuelle, ni mêmes la charité ne donne pas
ce talent.

Il eſt viſible qu'en tout cela l'imagination ſéduit les hommes. On n'aime point
tout ce qui rompt ouvertement la ſociété. Les injuſtices, la mauvaiſe foy, l'in-
gratitude, la violence ſoûlevent. Mais on
compte pour rien d'être paſſionné pour le
monde. Avoir de l'ambition, avoir beaucoup d'orgueil, pourvû qu'il ſoit bien
ménagé ; aimer les plaiſirs pourvû qu'ils
ne ſoient pas outrez ; aimer les richeſſes,
les honneurs, n'être occuppé que de ſoy-
même, ne chercher que la gloire du ſiécle, ſont des ſentimens ſi naturels qu'on
y fait conſiſter la ſouveraine Raiſon : &
c'eſt cela même qui fait chercher mille
ſortes de prétextes pour ne pas conſulter
la lumiére primitive.

On ne le dit pas ainſi : peut-être même ne le ſent-on pas, parce qu'on ſe fait
illuſion à ſoy-même par les beaux mots
d'honnêteté, de juſtice, de généroſité,
de modération, de bien-ſéance. Mais le
mal n'en eſt pas moins réel, & n'en eſt
que plus incurable.

C'eſt ſans doute par une ſuite de cette
diſpoſition qu'on prend tant de plaiſir à
lire des Morales payennes. On y prend
pour des raiſonnemens exacts la beauté
du langage & la douceur des ſentimens.
On croit les aimer à cauſe de leur con-

formité avec la Morale Chrêtienne ; & on les aime à cause du rapport qu'elles ont à nôtre malheureux penchant. Je ne sçay si des Chrêtiens peuvent mieux marquer qu'ils ignorent ce qu'ils croyent le mieux connoître , & qu'ils n'ont pas le goût du Ciel.

CHAPITRE VI.

On n'accorde pas aisément Ciceron &
ceux qui l'admirent. Tout ce qu'il dit
ne méne à rien.

UN fameux Payen se proposa autrefois un Ouvrage également grand & utile. Ce fut de marquer les devoirs de la vie humaine dans tout son cours & dans tous ses états. Dans cette vûë il traita des *Vertus Morales , de l'Amitié , &*
de la Vieillesse. Ces Traitez sont venus jusques à nous , & ont trouvé des admirateurs dans tous les tems. On les fait valoir aujourd'huy plus que jamais, on y trouve des sentimens élevez, & tout ce qui doit concourir dans une belle ame. On en conseille l'étude aux jeunes gens que leur naissance engage dans le grand monde ; on voudroit que l'usage en fût

défendu dans les Colléges, où les plus
belles choſes prennent un air de pédante-
rie ; & enfin on prétend y découvrir avec
la ſublimité du génie les plus belles maximes de la Religion.

Je voudrois qu'aprés cela on s'accor-
daſt avec cet Auteur dés l'entrée de ſes
Offices, où il prétend ne rien rapporter
à lui-même, & où on lui reproche généralement de n'avoir eû dans toutes ſes
vertus d'autre fin que lui-même. On ne
doit pas, ſelon lui, ſéparer le ſouverain
Bien de la vertu. Quand on les ſépare,
dit-il, on rapporte tout à ſoy-même, on
rompt la ſociété, on compte pour rien
l'amitié, la juſtice, la libéralité, on court
à la volupté, & on eſt déconcerté par la
moindre douleur : ce qui eſt l'extinction
de la Force & de la Tempérance. Voilà ce
me ſemble un grand deſinterreſſement.
Du moins l'Auteur dans ſes expreſſions ne
rapporte rien à lui-même.

Quoiqu'il en ſoit en ſuivant le principe qu'on lui attribuë, j'entens la prétenduë Raiſon humaine, dont on fait la lumiére propre de l'homme, il n'a pû for-
mer que des vertus imaginaires. Car encore un coup, cette Raiſon humaine ne
peut être autre choſe que l'imagination,
qui loin de renfermer aucune vérité, ré-

pand des nuages dans l'esprit, & nous
fait prendre de fausses lueurs pour la lumiére de la Raison : Peut-être que l'examen des Traitez de nôtre Auteur fera
connoître sensiblement que ceux qui
n'ont pas d'autres principes que lui, ne
peuvent se tenir au fait, ne peuvent aller
au but, en un mot, ne peuvent non plus
que lui faire que des discours inutiles.

CHAPITRE VII.

Ciceron n'a pas sçû traiter de la Prudence.
D'où dépend tout ce qu'on peut dire
sur cette vertu.

LA prudence est le premier dégré de
la vertu. On ne peut être vertueux,
si l'on ne distingue parfaitement le vray
Bien, si l'on ne prend de justes mesures
pour ne pas se laisser surprendre par des
apparences trompeuses, & pour aller toûjours au but. Il faut donc lorsqu'on traite de la Prudence rechercher ce qui doit
régler nos jugemens & nos choix, déterminer quelle est la lumiére qui nous conduit, & en découvrir la source ; puisque
sans les connoissances qui dépendent de
cet examen, on s'attribuë tout à soy-mê-

me, & la vérité toute humiliante qu'elle
est pour des hommes corrompus, ne
sert qu'à faire des Philosophes superbes.
Mais Ciceron prend un tour plus facile
& plus court. *La vérité,* dit-il, *est com-*
me la matiére sur laquelle s'exerce l'hom-
me sage; & la vertu qui a cette vérité
pour objet regarde l'homme principale-
ment, puisque le desir de sçavoir nous est
naturel, & que nous nous faisons une
honte de nous tromper & d'ignorer. Puisqu'on nous parle ici de vérité & de vertu,
il seroit à propos, ce me semble, de nous
marquer ce que c'est que l'une & l'autre:
il faudroit nous apprendre quelle liaison
il y a entre la sagesse & la vérité, & comment la science en dépend. Sans cela on
parle, & on ne dit rien. Il ajoûte que
tout ce désir de sçavoir, qui est commun
à tous les hommes, il y a deux défauts
à éviter. Le premier est de s'imaginer con-
noître ce qu'on ne connoît pas, & d'être
trop prompt à consentir. Le second est de
s'attacher à des choses vaines, & en mê-
me tems obscures & difficiles.

Il est certain que ces deux régles sont
excellentes. Mais que peuvent-elles nous
servir si l'on ne nous découvre les causes
de la précipitation de nos jugemens, &
si on ne nous donne des remédes contre

cette précipitation ? Quelles font ces chofe vaines & trop difficiles qu'il faut ignorer ? N'eft-il point à craindre qu'on ne
regarde comme une fcience vaine ce qu'il
importe extrêmement de fçavoir , & comme trop obfcur ce qui demande quelque
attention ? D'où vient que tant de gens
qui nous rebattent ces maximes, jugent
fi fouvent fans connoître , ignorent ce
qui les regardent de plus prés, n'affectent qu'une vaine érudition, négligent ce
qui eft à leur portée pour tenter ce qu'ils
ne peuvent ni aprofondir, ni connoître ?
N'eft-ce point parce qu'ils ne diftinguent
pas entrevoir & voir , & qu'ils font encore à démêler l'objet de leurs connoiffan-
ces ? Ce feroit donc à cet objet qu'il nous
faudroit ramener pour nous faire mettre
en pratique les belles régles qu'on nous
donne.

On nous marque les grands effets de
la prudence. On fait l'éloge de l'homme
prudent, on décrit ce qui arrive à l'im-
prudent. Mais eft-ce guérir des malades
que de leur parler de leur mal , & de leur
faire entendre que la fanté eft un grand
bien ? Affurément on n'en demeureroit
point là , fi l'imagination n'éblouïffoit
l'efprit pendant que la Raifon lui parle.

C'étoit auffi ce qui faifoit que Ciceron

ron n'ayant qu'à parler de la Prudence paſſe tout à coup à un autre objet, & dit que c'eſt *une occupation qui mérite des loüanges que de s'appliquer aux choſes dont la connoiſſance eſt un ornement à l'eſ- prit, comme à l'Aſtronomie, à la Géomé- trie, à la Dialectique, à la Juriſpruden- ce; mais qu'il faut laiſſer là les véritez que ces arts ont pour objet, lorſqu'il eſt queſtion d'agir; & qu'on doit ſeulement donner les heures de loiſir à l'étude de la vertu:* Il s'eſt cité lui-même ſur l'ordre des Etudes & l'uſage des Sciences. Mais on avoüera qu'après avoir bien admiré ſes diſcours, on n'eſt pas plus éclairé qu'- on étoit avant que d'avoir oüi parler de Prudence & de Science.

Ce que nous appellons *Vertu* dépend de la lumiére qui éclaire l'eſprit & du mouvement que nous avons pour le bien: & comme tout ce qui paroît Bien ne l'eſt pas, le vray uſage de la lumiére c'eſt de nous faire diſcerner le bien apparent du vray Bien. Pour cela il faut de l'atten- tion, & le plus ou le moins de cette at- tention, produit le plus ou le moins de prudence dans l'homme. On dit donc qu'un homme eſt prudent, lorſque ſuſ- pendant entre mille ſentimens qui le ſol- licitent il conſulte les idées pures de la-

Raison, & ne s'attachant qu'à celles qui emportent son consentement malgré lui, régle sur celles-là sa conduite. C'est ainsi qu'il parvient à la sagesse, & qu'il s'exerce sur la vérité. Par la comparaison qu'il fait de ses idées, il distingue les vrayes d'avec les fausses sciences, & celles qui ont rapport au corps d'avec celles qui ont rapport à l'ame. Leur éclat ne le détermine point. Il va à ce qui lui est propre : je veux dire, à ce qui peut le rendre plus parfait.

Il y a une autre espéce de prudence, qui ne consiste qu'à comparer entre les moyens d'acquerir de faux biens, & de trouver son bon-heur dans cette vie. C'est une vertu dans le systême des sens & de l'orgueil, mais c'est une vertu que Dieu confondra, parce que c'est une prudence de chair, qui a pour principe les sentimens confus de la concupiscence, & non pas les idées pures de la Raison.

CHAPITRE VIII.

*Fauſſes maximes de Ciceron ſur la Juſtice.
Il a confondu le deſir de dominer avec
l'indépendance qui nous convient. Ce
que la lumiére naturelle nous découvre touchant les richeſſes & la domination. Le ſentiment de nôtre grandeur
nous jette dans la baſſeſſe.*

TOut le monde convient que la juſtice extérieure conſiſte d'une part à
ne faire tort à perſonne ; & de l'autre à
faire du bien & à ſe rendre utile aux autres hommes. Ciceron l'entend ainſi ; &
prétend non-ſeulement que c'eſt de cette
juſtice que tout ce qu'on appelle vertu tire le plus d'éclat ; mais encore que c'eſt
d'elle ſeule que ſe tire le nom d'*homme
de bien.* Le premier devoir de cette vertu, dit-il, c'eſt de *ne nuire à perſonne à
moins qu'on ne ſoit injuſtement attaqué.*
Un homme tel qu'il étoit, orné de toutes ſortes de vertus, de qui la corruption
eſt bannie, & qui ne tire que de lui-même ſa perfection, ne pouvoit être attaqué qu'injuſtement ; il peut donc toûjours faire du mal à celui qui l'attaque.

Mais si Ciceron s'étoit consideré lui-même à la faveur de la lumiére naturelle,
en quel état se seroit-il trouvé? N'auroit-
il pas reconnu dans son cœur une opposition effroyable aux idées d'équité & de
justice qui se presentoient à lui? Est-ce
une chose qui ne nous soit pas inhérente
que cette opposition, & qui ne se fasse
pas sentir? Mais peut-on la sentir sans se
juger digne de mépris & des plus mauvais traitemens?

C'est trop demander, je l'avoüe, à un
homme qui participoit bien comme nous
à la lumiére naturelle, mais qui n'avoit
pas comme nous les secours nécessaires
pour la consulter. Mais c'est aussi par cette
raison que je ne comprens pas comment
on court aux leçons de cet homme. Car
enfin il a beau dire aprés Platon & les
Stoïciens *que nous ne sommes pas nez,*
seulement pour nous-mêmes. Et que si
tout ce qui est sur la Terre est fait pour
l'usage des hommes, ces mêmes hommes
sont faits les uns pour les autres. Ce sont
des paroles qui manquent d'un fondement solide. Et toute sa justice s'en va en
fumée au moment qu'il l'établit sur la
fidélité à garder sa parole, & à s'acquit-
ter des choses dont on est convenu. Il est
visible que cette fidélité supposant des

promesses & des contrats, les hommes,
selon Ciceron, ne se doivent rien les
uns aux autres avant que d'avoir contrac-
té. Otez les Traitez & les Contrats de la
vie civile, plus de Loy, plus de justice,
si l'on en veut croire Ciceron. Etoit-ce la
lumiére naturelle qui le dispensoit de
*s'abstenir & de supporter quand il ne l'a-
voit pas promis?

On sçait bien qu'il y a certaines choses ausquelles on n'est obligé que parce
qu'on a bien voulu s'y obliger. Mais les
devoirs généraux de la vie humaine, dont
il s'agit ici, roulent-ils sur ces sortes de
conventions? Oseroit-on dire encore,
qu'on a droit de battre, de dépoüiller,
de tuer celui avec lequel on n'a point
fait de Traité?

Aprés la juste exception que nôtre Auteur a faite sur le premier devoir de la justice, & la juste étenduë qu'il a donnée à cette vertu, il cherche les raisons que peuvent
avoir ceux qui font tort aux autres, & il
trouve que la principale, c'est *le désir d'a-
masser des richesses.* Il n'a pas mal rencon-
tré cette fois, mais ce qui suit est moins
heüreux : *Ceux,* dit-il, *qui ont le plus de
grandeur d'ame, désirent le plus d'avoir
des richesses, parce qu'elles fournissent les
moyens d'avoir des équipages, & de se met-*

Abstine, sustine.

tre dans l'éclat & dans l'abondance.... Ce désir, ajoûte-t'il, *de l'honneur, de la domination, de la puissance, de la gloire se trouve dans les plus grands génies & dans les esprits du premier ordre.* Nous aimons selon lui, naturellement la vérité ; & à cette inclination naturelle est uni le désir de dominer.

Il me semble qu'attribuer à grandeur d'ame l'amour des richesses, des honneurs, de la domination, & vouloir que cet amour soit inséparable de celui de la vérité, c'est donner à la convoitise des hommes attachez au monde tout ce qu'elle peut demander. Mais je raisonne ainsi contre ce Philosophe. Les génies les plus excellens sont ceux qui consultent le plus la lumiére naturelle. Or cette lumière découvre qu'il vaut mieux être le maître de ses passions, que de tenir toute la Terre sous son Empire, & que tout ce qu'il y a de plus éclatant dans le monde n'est qu'une pure vanité. L'expérience même nous en convainc. Ceux qui poursuivent les honneurs & qui recherchent les grandeurs du siécle, ne consultent donc pas la lumiére naturelle ; & par conséquent sont des petits esprits, sont des ames esclaves dominées par tout ce qui flatte les sens, sont au dessous des choses corruptibles, puiſqu'ils y mettent leur bonheur.

Il y a bien de la différence entre vouloir dominer, & vouloir être indépendant des créatures. L'indépendance eſt en droit de nôtre nature. C'eſt avoir l'ame baſſe & dégénérer que de reconnoître un autre maître que la ſouveraine Raiſon pendant même qu'on obéit aux premieres puiſſances de la Terre, mais rien n'eſt plus injuſte ni de plus mauvais ſens que le déſir de dominer. L'impuiſſance où nous ſommes de contenter ce déſir eſt une preuve aſſez ſenſible de ſon déréglement.

Ce qui trompoit le Philoſophe, c'eſt qu'il ſentoit que naturellement nous voulons être heureux & parfaits, d'où il a conclu que naturellement nous voulons dominer, parce qu'il a jugé que le bonheur & la perfection ne ſe pouvoient trouver que dans l'élevation & la ſuperiorité. Mais quel eſt le bonheur que nous déſirons? Quelle eſt la perfection à laquelle nous tendons? N'eſt-ce pas un bonheur ſolide & durable? N'eſt-ce pas une perfection qui ne diminuë rien de celle des autres? Et qu'y eut-il jamais de plus éloigné de tout cela que le déſir de dominer? C'eſt donc par erreur que nous

voulons nous élever au dessus des autres,
& que nous prétendons dominer. Nôtre
bonheur & nôtre perfection ne peuvent
naître que de la connoissance de la vérité. C'est de-là que dépend la grandeur
d'ame & le mépris des choses humaines,
& non pas du désir de dominer que la
vérité condamne. C'est la paresse, c'est
une dépravation de goût qui nous borne
à ce désir.

Il en est de même des richesses. La lumiére naturelle n'en condamne pas l'acquisition quand elles viennent par les
voyes de l'honneur & de la justice, elle
en souffre même l'abondance. Mais elle
ne permit jamais qu'on y attachât son
cœur, elle le demande tout entier pour
celui qui l'a fait: Elle veut que tout le soin
de la créature soit de plaire à celui dont
elle tient l'être & la vie.

Que l'homme demeure dans la situation qui lui convient, qu'il remplisse
tous les devoirs de son employ; & qu'en
suivant la Loy éternelle qui se présente
toûjours à lui, il trouve les commoditez
de la vie, il peut en joüir & les partager
avec ses proches. Mais encore un coup,
il ne peut sans s'avilir s'occuper de ce
qu'on appelle fortune. Aussi que nous sert-
il de tourner nos soins de ce côté-là?
On

On n'y a point égard. C'est la conduite qui en décide. Et comment peut-elle être réglée si elle ne l'est sur cette lumiére intérieure qui nous découvre le prix de chaque chose ? Mais les hommes ingénieux à se tromper eux-mêmes, sçavent trouver mille prétextes pour s'attacher à la Terre ; & s'imaginent que ce qu'ils doivent à leurs proches & à la conservation de leur vie, justifiera le déréglement de leur amour.

Ennius avoit donc raison de dire, que *celui qui cherche un Royaume rompt la société & ne connoît point de Loy.* Mais ce n'est pas, comme dit Ciceron, parce qu'une couronne est un bien que plusieurs ne sçauroient posséder à la fois ; c'est parce que celui qui la poursuit, est épris des biens de la Terre, & n'a pour guide que ses sens & son imagination.

Ciceron devoit prendre garde qu'en donnant la grandeur d'ame pour principe du désir des richesses & de la domination, il nous mettoit à tous les armes à la main, & nous ôtoit tout scrupule de nous nuire les uns aux autres. Car que ne peut-on pas faire par un si noble principe ? Mais enfin il prétend qu'on ne fasse tort à personne, *à moins qu'on ne soit attaqué mal à propos ;* & il a mis une

grande différence. entre une injure qui
part d'un premier mouvement , & celle
qui part d'un dessein prémédité : c'est
beaucoup faire pour la justice.

Aprés tout, on ne peut nier que le désir de la domination & des richesses ne
soit fondé sur le sentiment que nous a-
vons de nôtre grandeur naturelle , de nôtre origine toute céleste & de nôtre destination toute divine ; mais c'est par cette origine & cette destination mêmes
que nous sommes convaincus de la derniére bassesse , puisque pouvant nous élever jusqu'aux grands biens qui nous sont
propres , nous demeurons en chemin
pour nous livrer à des objets corruptibles,
comme s'ils étoient la fin à laquelle nous
aspirons, & le principe du bonheur que
nous cherchons.

CHAPITRE IX.

Ciceron flatte en toutes choses nôtre va-
nité naturelle. Le faux de ses maxi-
mes touchant les Charges. Erreur d'un
Auteur moderne.

COmme Ciceron prétend que c'est
principalement dans les Charges de

la République qu'on peut ſe rendre utile
aux autres hommes, il n'entre pas dans
le ſentiment de Platon, qui dit, *que les*
Philoſophes ſont les plus juſtes de tous les
hommes, dautant qu'ils ne s'attachent
qu'à la recherche de la vérité, & qu'ils
regardent avec mépris les choſes que les
autres deſirent paſſionnément. » Pour- «
quoy, dit Ciceron, ne pas vouloir ac- «
cepter les Charges de la République, à «
moins qu'on n'y ſoit contraint? Il ſem- «
ble qu'une choſe qui eſt juſte ſe fait «
d'autant mieux qu'elle ſe fait plus vo- «
lontairement. Ainſi, ſous prétexte d'é- «
viter l'oiſiveté, de travailler utilement,
de ſe faire protecteur, de faire volontai-
rement ce qui eſt légitime & raiſonnable
en ſoy, on briguera les Charges, on cherchera les grands Emplois, on fera tout
ſon ſoin de parvenir aux premiers honneurs & aux premieres dignitez. Rien
ſans doute ne pouvoit mieux flatter la vanité & l'ambition des hommes que ce
langage. La nature telle qu'elle eſt aujourd'hui s'en accommode. Car tout ce
qui donne du crédit, de l'autorité, ce
qui oblige les autres à venir à nous, ce
qui donne de l'éclat, ce qui produit l'a-
bondance des richeſſes eſt extrêmement
de ſon goût. Mais celuy qui comptant

pour rien tout cet extérieur pour mesu-
rer ses forces, pour étudier ce qu'il est,
& qui voit faire les hommes sans entrer
dans leurs désirs, n'est-il pas raisonnable ? Il doit se rendre utile, je l'avouë &
travailler pour les autres, mais est-ce en
cherchant ce que dix mille cherchent à la
fois ? On se rend utile par les bons exemples & par les bons conseils; en faisant
part aux autres des biens que l'on posse-
de. Est-il nécessaire d'être en Charge
pour tout cela ? Il faut que les Charges
soient remplies, qui en doute ? Mais le
sont-elles mieux par des hommes pleins
d'eux-mêmes, qui croyent les mériter,
qui s'empressent pour les obtenir, que
par ceux qui s'en jugent indignes, qui se
défient de leurs lumiéres, qui sentent
leur foiblesse & qui n'y veulent entrer
que lorsqu'ils y sont appellez par une autorité à laquelle ils ne peuvent résister ?

Les Charges considéées en elles-mêmes sont des fardeaux. Celuy qui les cherche en a-t'il cette idée ? Si nul honneur,
nul profit, nul agréement n'y étoit attaché, les chercheroit-il ? Ce n'est donc pas
la Charge qu'il recherche. Cependant à
l'entendre il ne veut que se rendre utile
aux autres. Vain prétexte ! fausse addres-
se de l'amour propre, qui tâche à pren-

dre de belles apparences pour mettre le
desordre par tout ! Consultons la lumiére
naturelle. Ceux qui veulent conduire,
gouverner, juger les autres ont-ils plus
de vertu que les autres ? S'ils en ont plus,
comment le sçavent-ils ? Et s'ils en ont
moins, par quel principe peuvent-ils
chercher les Charges ? On ne peut douter que la maxime de Ciceron ne soit
extrêmement enracinée dans les esprits.
Mais on ne peut douter aussi qu'elle ne
soit le principe du renversement de la
justice.

Il y a des gens, ajoûte-t'il, *qui ne con-*
tribuent en rien à la société humaine, &
qui sous prétexte qu'ils craignent de faire
tort à quelqu'un ne veulent se mêler que
de leurs propres affaires. Il semble qu'ils
ayent conçû une haine secrete contre le
reste des hommes. Ceux-là ont tort, je
l'avouë. Car la lumiére naturelle que la
charité nous fait parfaitement suivre,
nous découvre que chacun de nous doit
être tout à tous. Mais il ne s'agit ici ni
des fénéants, ni des mysantropes. Il faut
montrer qu'un homme a tort de fuïr les
Charges par cette raison qu'il trouve en
lui de grandes imperfections, peu de lumiére, beaucoup de foiblesse, un grand
penchant à la vanité. Et qui est-ce qui n'y
trouve pas tout cela ? E iij

Si c'est une grande affaire, comme le dit
ce Philosophe , malgré le Chremès de
Terence , *que de prendre soin de celles
d'autrui ; & si nous ne sommes pas fort
sensibles à ce qui regarde les autres ; ou
si nous jugeons d'eux tout autrement que
de nous mêmes* , c'est assûrément parce
qu'il y a en nous de tres-étranges penchants. Qu'on les examine un peu ces
penchants ; & on verra si l'on a raison
d'entrer avec tant de confiance dans les
Charges de la République ? Un Auteur
de nos jours trouve que c'est un rôlle difficile à soûtenir dans son païs plus qu'en
tout autre que de vivre sans Charge. Cela fait qu'il ne trouve pas étrange qu'on
courre aprés les grands emplois : mais il
voudroit qu'on eût donné un meilleur
nom qu'on n'a fait à la vie privée d'un Sage , & qu'étudier , méditer , s'appellât
travailler. Ces sortes de réfléxions ne
sont nullement capables de nous mener
au but. Il n'y a point de rôlle si difficile
à soûtenir que celui d'un homme qui est
en Charge. Il ne peut s'en acquitter dignement devant Dieu sans des secours
qui ne sont pas pour les ames vaines &
ambitieuses. Le rôlle le plus facile c'est
celui de la vie privée. Un Chrétien dans
la retraite suit sans obstacle sa vocation.

Mais apparemment cet Auteur ne parle
pas non plus que Ciceron pour des Chrétiens.

CHAPITRE X.

L'amour propre le plus aveugle eſt inſé-
parable des plus belles maximes
de Ciceron.

Otre Philoſophe continuë en donnant des régles pour l'obſervation
de la juſtice. Il ne veut pas qu'on faſſe jamais ce qui n'eſt pas évidemment juſte :
il veut qu'on ait égard aux circonſtances,
qu'on *ne rende pas par exemple à un fu-*
rieux l'épée qu'on auroit reçuë de lui en
dépôt.... qu'on ne tienne pas ſa parole
quand l'effet en doit être nuiſible ou inu-
tile..... qu'un pere n'abandonne pas ſon
fils malade pour les affaires d'autrui...
qu'on ne ſe tienne pas obligé à s'acquitter
des promeſſes qu'on a faites par crainte ou
par ſurpriſe. Il veut que la bonne foy ré-
gne dans les Traitez. Il n'approuve pas
par exemple, cet homme, qui *ayant fait*
une tréve de trente jours avec ſon enne-
mi gardoit la tréve durant le jour, mais
faiſoit le dégât durant la nuit. Il veut

E iiij

que dans la guerre on en observe toutes
les Loix. Il veut *qu'on ne la fasse que le
plus tard qu'on peut, qu'on ne la fasse
qu'en vûë de rétablir la paix, qu'on y ménage les hommes, qu'on y épargne les ennemis vaincus, excepté ceux dont on ne
peut attendre que de nouveaux troubles.*
Cela lui donne occasion de relever la
maxime de Pyrrhus, & l'action de Regulus : de l'un qui prétendoit *qu'on ne devoit pas faire la guerre avec de l'or, mais
avec du fer;* De l'autre, qui pour ne pas
manquer à sa parole *retourna à Cartage,
où la mort lui étoit assurée.* Il ne veut
point qu'on employe les restrictions men-
tales : il dit que la fraude, & la violence
sont également indignes de l'homme, l'u-
ne *étant le partage du Lion,* & l'autre,
celui du Renard. Il prétend enfin que les
*plus injustes de tous les hommes sont ceux
qui dans le tems qu'ils trompent les autres, veulent paroître gens de bien.*

Tout cela est bon, je le veux : mais
tout cela est inutile à ceux qui péchent
dans le principe. Un homme rempli de
l'Esprit de domination & du désir des richesses, écoûte avec plaisir les régles &
les maximes de Ciceron, il s'y soûmet;
il veut se les rendre familiéres, mais c'est
parce qu'elles s'accommodent avec ses

injustes dispositions , & qu'il lui paroît
qu'elles peuvent le mener à ses fins. Cet
usage qu'il en croit faire lui donne un
goût merveilleux pour la vertu qu'il confond avec ces régles & ces maximes ; à
l'entendre , il en est charmé , *& si on*
pouvoit la voir des yeux du corps , tous
seroient épris d'amour pour elle. Mais si
on voyoit des yeux du corps un cœur attaché au monde , livré à mille désirs qui
lui font oublier ce qu'il est & ce qu'il
doit à la puissance qui le conserve. Ne
seroit-on point saisi d'horreur ? Pyrrhus
étoit un grand homme. Regulus étoit
grand aussi. Mais aprés avoir vû le principe par lequel ils agissoient, oseroit-on
dire que leurs guerres furent des exercices de vertu, & non pas les fruits d'une
aveugle & injuste cupidité ? Ils dispu-
toient à qui seroit le maître. Quelle occupation pour de misérables mortels !
Une preuve évidente qu'on n'approuve
leurs maximes que parce qu'elles favori-
sent des desseins ambitieux, c'est que si
on parle à leurs admirateurs du renoncement à soy-même : C'est une autre affaire , disent-ils , il est à propos de commencer par les dehors. Et c'est ainsi qu'-
en se faisant illusion sur ce qu'on appelle
Vertu, on demeure jusqu'à la mort sous

le joug des paſſions, enyvré de ſoy-même, & par conſéquent à une diſtance infinie de la juſtice qu'on affecte.

CHAPITRE XI.

Ciceron corrompt les vrayes idées de la Li-
béralité & de la Reconnoiſſance. Pour-
quoy les hommes ſont des ingrats.

SOus l'idée de juſtice Ciceron comprend la *Libéralité* & la *Reconnoiſſan-*
ce. Il veut que les Libéralitez *tournent*
au profit de celui à qui on les fait , qu'el-
les ſoient proportionnées à ſon rang ſans
faire tort à perſonne , ſans oſtentaion &
par pure bonne volonté , en récompenſé
d'une conſtante affection , & pour des ſer-
vices réels. Tout cela eſt bien. Mais il a
oublié ce qu'il y a de principal dans l'e-
xercice de la Libéralité. On peut avec
toutes ces précautions faire du bien à un
homme, & cependant lui faire plus de
mal que de bien, parce qu'il ſe peut faire qu'en lui donnant les biens du corps,
on lui faſſe oublier ce qu'il doit à ſon
ame, dont les intérêts, ſi l'on conſulte
la lumiére naturelle, ſont ſans comparai-
ſon préférables à ceux du corps. D'où il

s'enfuit qu'on doit principalement examiner le caractére & le penchant de celui envers lequel on veut être libéral,
non pas par rapport à foy, mais par rapport à lui-même ; & cela en confidération de fon ame, laquelle faifant la principale partie de l'homme, il eft évident
qu'il ne faut donner au corps qu'autant
qu'on peut par ce moyen la rendre plus
parfaite. Quand on donne par ce principe, les libéralitez fe trouvent avec tous
les caractéres que demande Ciceron. Sans
ce difcernement des biens du corps & de
ceux de l'ame, les Libéralitez ne font que
des effets de la vaine gloire, & deviennent pernicieufes à celui qui les reçoit.

Sur la Reconnoiffance le Philofophe
parle ainfi : *Ne devons-nous pas imiter ces
Campagnes fertiles qui rendent plus qu'elles n'ont reçû ? Si nous travaillons pour
ceux de qui nous efpérons recevoir quelque bien, que ne devons-nous point faire
quand nous l'avons reçû ? Il dépend de
nous de donner. Mais un homme de bien
ne peut pas fe difpenfer de rendre.* Le
Philofophe fe trompe. Un homme de
bien ne peut pas auffi ne point donner à
ceux qui méritent qu'on leur donne. Les
Loix de rendre & de donner font fubor-
données ; mais elles font également écri-

tes dans la Raison. On peut dire aussi que
si tout ce qu'on a fait, on ne l'a fait qu'en
vûë d'un Bien espéré, il est naturel de se
reposer quand on a obtenu ce bien. Voici le dénouëment, si je ne me trompe.
Comme la vraye libéralité a pour principe la connoissance des vrais Biens : de
même la vraye Reconnoissance ne peut
être fondée que sur le mépris des biens
temporels & le renoncement à soy-même.
Si presque tous les hommes sont des ingrats , c'est que toutes les Libéralitez
sont interressées : On ne se croit pas fort
obligé à des gens qui n'ont recherché
qu'eux-mêmes dans leurs bien-faits : On
les croit assez payez par le plaisir de les
répandre , ou par les assiduitez & les con-
traintes nécessaires pour les obtenir : On
en joüit & on oublie le reste. Et c'est ainsi
que l'amour propre rend inutile ce qui
devroit lier les hommes le plus étroitement. Il faut donc que l'homme éleve ses
vûës au dessus de la Terre , ou qu'il avouë
qu'il ne fera jamais de Libéralité raisonnable , & qu'il n'aura jamais de juste Reconnoissance.

CHAPITRE XII.

Différentes sortes d'unions entre les pro-
ches, les amis ordinaires, & les gens
de bien. Les discours de Ciceron ne ti-
rent point l'esprit de ses ténébres.

APrés avoir parlé de la Libéralité &
de la Reconnoissance, il falloit faire
voir l'ordre qu'on doit garder dans les
bienfaits : Voici comment Ciceron s'y
prend pour le découvrir. » Les Lions, «
dit-il, & les Chevaux ont de la force ; «
mais nous ne nous avisons pas de dire «
qu'ils ayent de la justice ou de la probi- «
té, parce qu'ils n'ont l'usage ni de la «
parole, ni de la Raison. La societé que «
les hommes ont entr'eux, & que les bê- «
tes ne peuvent avoir, s'étend loin, elle «
rend communes les choses que la nature «
a produites pour l'utilité publique. L'eau «
& le feu ne doivent être refusez à per- «
sonne. On ne refuse point de donner un «
avis, ni de montrer le chemin à un hom- «
me qui s'égare, parce que celui qui don- «
ne ces choses en retient toûjours autant «
que s'il n'avoit rien donné. Les choses «
mêmes que les Loix ont renduës pro- «

» pres , doivent selon le Proverbe des
» Grecs, être communes entre les amis.
» Mais comme le nombre de ceux qui
» n'ont pas le nécessaire est fort grand,
» il faut prendre garde que l'amour de
» la libéralité ne nous jette nous-mêmes
» dans le besoin. Ceux qui sont d'une
» même nation , qui parlent la même
» langue que nous , méritent que nous
» ayons des égards pour eux : ceux qui
» sont de la même Ville en méritent da-
» vantage. Car c'est beaucoup que d'avoir
» les mêmes Places publiques, les mê-
» mes Temples , les mêmes Portiques,
» de vivre sous les mêmes Loix, & dans
» les mêmes coûtumes. ... Les proches,
» le mary & la femme, les freres & les
» cousins , méritent encore davantage,
» chacun selon son dégré de parenté :
» Car c'est quelque chose de bien fort
» que d'avoir les mêmes monumens ,
» les mêmes cérémonies, un même tom-
» beau. La société que le mari & la fem-
» me , les freres & les cousins forment
» entr'eux, représente en petit la grande
» société de tout le genre humain. Car
» plusieurs freres & plusieurs cousins ne
» pouvant pas demeurer dans une mê-
» me maison, ils sont passez en d'autres,
» qui sont comme des Colonies de la
» premiere.

Par ce merveilleux enchaînement Ciceron arrive à son but, qui est de montrer que l'union que les gens de bien ont entr'eux, étant la plus forte & la plus excellente, c'est principalement envers les gens de bien qu'il faut être liberal. Si on luy demande la preuve de l'excellence de cette union, il répond que c'est que les *gens de bien ayant les mêmes inclinations & les mêmes volontez, ils se plaisent les uns avec les autres. De sorte que, selon la remarque de Pythagore, de plusieurs personnes il ne s'en fait qu'une.*

Par cette raison on peut dire que l'union que les méchans ont entr'eux, n'est pas moins parfaite que celle des gens de bien, puis qu'ils ont *les mêmes inclinations & les mêmes volontez.* Il faut donc si nous voulons tirer quelque fruit des discours de Ciceron, rechercher les causes des différentes unions qui sont entre les hommes. L'union des parens avec leurs enfans, & des freres entr'eux est puissante. Elle dépend précisément de la disposition que Dieu a mise dans les Corps qui naissent avec certaines traces, & où il y a une infinité de ressorts qui se débandent pour leur conservation mutuelle. Les amitiez ou les liaisons com-

munes font moins fortes , elles ne font
fondées que fur des traces acquifes, qu
réprésentent certains plaifirs ou certaines
commoditez qu'on peut recevoir les uns
des autres ; elles dépendent du cours &
de la circulation des humeurs , & par
conféquent elles ne peuvent être durables. Car rien n'eft fi mobile ni fi changeant que ces principes.

Pour les gens de bien, ils font unis
par une lumiere commune qui les éclaire
& qui les conduit. Ils voyent dans cette
lumiere les mêmes véritez & les mêmes
loix de juftice, ils voyent que tout le
bonheur de l'homme confifte à fe foûmettre à ces loix : comment aprés cela
auroient-ils des interefts partagez ? Comment ne feroient-ils pas les uns pour les
autres tout ce qui eft en leur pouvoir ,
puis qu'ils voyent que les biens qu'ils
contemplent ne leur peuvent échaper, &
qu'ils fe les approprient de plus en plus
en fe fecourant mutuellement ?

Qui pourroit rompre leur union, puis
que le lien qui les unit eft éternel & im-
muable, puis que c'eft la raifon même,
d'où ils voyent bien que dépend toute
leur perfection, & qu'ils éprouvent en
fuivant fes régles, des douceurs incomparables ? On voit ainfi que l'union que

les-

les gens de bien ont entr'eux, est préferable à toute autre par la dignité de son
principe, & que tout se soûtient parfaitement dans la Morale: Mais ordinairement on veut parler sans entendre ce
qu'on dit, & on croit avoir fait un grand
progrez dans la science de la vertu, quand
on a appris de Ciceron : ,, Que l'amour «
de la patrie comprend l'amour reci- «
proque des parens & des enfans, celuy «
des proches & des amis : que la Nature «
ayant donné à chacun de nous le desir «
de perpétuer son espéce , la premiere «
societé se trouve dans le Mariage, que «
quelque déréglez que nous soyons, la «
vertu nous touche quand nous l'apper- «
cevons dans quelqu'un, & fait que nous «
voulons être des amis de celuy-là ; que «
des bienfaits reciproques lient étroite- «
ment les hommes ; qu'il n'y a point «
d'homme de bien qui ne desire mou- «
rir pour les interests de sa Patrie, & que «
c'est de tous les crimes le plus détesta- «
ble que de se déclarer contr'elle ; que «
dans les devoirs qu'on est obligé de se «
rendre les uns aux autres, il faut avoir «
égard à la personne & à la chose dont «
il s'agit, au temps, & aux autres cir- «
constances. «

J'ai assez fait voir, ce me semble, que

tout ce langage ne peut mener à rien, ou n'est propre qu'à nous endormir dans nôtre orgueil & nos miséres, quand il est détaché des idées distinctes & particulieres, qui nous doivent conduire dans la recherche du bien. Ciceron dit, qu'il *faut s'exercer à rendre les devoirs dont il traite, parce qu'ils dépendent de la pratique.* Mais on doit compter que ses préceptes tels qu'il les donne, & dans les dispositions qu'on les reçoit, ne seront jamais que de stériles spéculations.

CHAPITRE XIII.

Ciceron propose des vertus faites à plaisir. Quelle ambition est compatible avec la grandeur d'ame. Opposition de ce que dit Ciceron aux principes du Christianisme.

Ciceron voulant parler de la *Force,* fait la comparaison de l'idée que font naître ces paroles : *Quoy donc, vous autres jeunes gens, vous n'avez pas plus de courage que des femmes,* avec les idées que réveillent les grands noms d'un Miltiade, d'un Themistocle, d'un Aristide, d'un Léonidas, d'un Epaminondas, d'un Coclés, d'un Marcellus, des Décius, des Scipions, de tout le peuple Romain, dont l'inclination pour la gloire des armes paroît encore dans ce grand nombre de Statuës qu'il a fait ériger en habit de guerre.

Ciceron n'approuveroit pas ces Héros s'ils n'avoient combattu pour la juſtice; c'eſt-à-dire, ſi dans leurs grandes actions ils avoient eu en vûë leur utilité propre, & non pas l'utilité commune. Le courage, ſelon luy, eſt une férocité, lorſqu'on n'y joint pas la bonté, la ſimplicité, l'amour de la vérité. Il ne craint pas qu'il y entre de l'ambition & du deſir de dominer : mais il n'y peut ſouffrir cet entêtement ou cette ambition démeſurée qui fait violer les loix de la juſtice, quoy qu'il avouë que les plus grandes ames y ſont ſujettes. Il en donne pour exemple les Lacédémoniens, *parmi leſquels*, dit Platon, *chacun vouloit être le maître à meſure qu'il avoit l'eſprit élevé & l'ame grande : ce qui produit les injuſtices, les factions, les violences.*

Voilà, s'il en fut jamais, une vertu faite à plaiſir. L'ambition avec la ſimplicité & l'amour de la vérité. Un entêtement à violer toutes les loix de la juſtice avec la grandeur d'ame. Ces alliages plaisent infiniment aux ames mondaines. Pendant qu'en toutes choses elles se recherchent elles-mêmes, & ne resistent à une passion que pour sacrifier à une autre, on les appelle *grandes ames*: on les laisse s'approprier la vertu. Il ne peut rien y avoir de plus doux pour elles. Mais les hommes ont beau s'étourdir eux-mêmes par leurs vains discours. Un cœur ambitieux sera toûjours un cœur plein de lui-même : & la bonté, la simplicité, l'amour de la vérité ne seront jamais compatibles avec une telle disposition.

Peut-être qu'on prétendra que l'ambition peut ne pas porter à violer toutes les loix de la justice ; qu'il y a une ambition modérée, & que c'est celle-là qui s'accorde avec la grandeur d'ame ; (car il n'y a point de détour qu'on ne prenne pour justifier l'ambition :) mais parlons sans nous tromper nous-mêmes. Le desir de dominer n'est-il pas le fruit de l'ambition ? Ce desir se peut-il rassasier ? N'est-il pas doux d'obéir à ce desir ? N'y obéit-on pas toûjours ? On n'y obéit pas si l'on peut aux dépens de la justice : je le veux ; mais si on ne peut sans violer la justice le contenter, ne passe-t'on pas la Loy ? On a de la modétation juſqu'au bout : j'y conſens ; mais quand elle ne produit point ce qu'on ſe propoſe, n'éclate-t'on pas ? & ne met-on pas à découvert l'injuſtice dont on eſt agité au dedans ? De ſorte qu'inſtruits par l'expérience, nous pouvons aſſurer qu'il n'y a point d'ame ambitieuſe qui ne renferme un fond d'artifices, de vio-lence, d'envie, d'amour des Richeſſes ; un fond, dis-je, qui produit immanqua-blement tôt ou tard la colére, la vangean-ce, la deſolation de pluſieurs. C'eſt la nature de l'homme, c'eſt ſa grandeur de-puis ſa corruption.

Si donc les Ambitieux mêmes demeu-rent d'accord qu'on doit donner des bor-nes à ſon ambition, & qu'il ne faut pas qu'elle faſſe rien entreprendre contre les loix de la juſtice, c'eſt que la Raiſon leur parle encore comme Juge du cœur hu-main. Mais attendons qu'il ſe preſente à eux des objets & des occaſions, la Rai-ſon s'éclipſera bien-tôt, & la volonté ſe-ra bien-tôt la ſeule loy conſultée. C'eſt encore un coup, que l'ambition ne con-noît point de bornes ; & que ſi on veut lui donner des regles, il faut que non ſeulement elle ait pour principe l'amour de la juſtice, mais encore pour fin la gloire de celui qui nous a faits ce que nous ſommes.

Il faut, dit Ciceron , *estimer magna-*
nimes non pas ceux qui font injure aux
autres , mais ceux qui sçavent la repouf-
fer. La véritable grandeur d'ame fait
confifter le mérite dans l'action , & non
pas dans la gloire d'avoir agi , & porte
plus l'homme à mériter le premier rang ,
qu'à l'obtenir. Ce n'eft pas eftre grand
que de dépendre de l'opinion de la multi-
tude. Cela veut dire apparemment qu'on
ne doit fe propofer pour recompenfe que
la vertu même. Mais qu'eft-ce que cette
vertu ; Eft-ce une divinité ? Eft-ce une
qualité inhérente en nous ? On devroit
avoüer, ce me femble, que ce difcours
ne fignifie rien de raifonnable , ou qu'il
veut dire que le Héros eft celui qui re-
nonce à lui-même ; & qui ne fe propo-
fant que de fuivre la loy de juftice , attend tout de celui qui la lui découvre.
Mais fi on s'en tient à cette glofe , que
deviendra Ciceron , qui par toutes fes
expreffions pompeufes ne tend qu'à per-
fuader que fon fage eft à lui-même fa
fin : qu'il tire de lui-même fa perfection,
& qu'il en doit tirer fon bonheur ? Si
on aime cette vifion , peut-on dire qu'on
foit Chrêtien ? Et fi on n'y donne pas ,
peut-on encore chercher des leçons dans
cet Auteur ? Il veut que *l'homme n'admi-*

ve & ne deſire que l'honnêteté & la vertu, ſans ſe laiſſer abatre ny troubler par
les accidens de la vie ; qu'il viſe toûjours
à ce qu'il y a de plus difficile , & qu'il
ne craigne point le danger.

Selon ce Diſcours , un ſecret témoignage que l'homme ſe rend à lui-même
de ſon mérite , une ſecrete complaiſan-
ce , de ſecrets applaudiſſemens qu'il ſe
donne doivent faire ſon bonheur , parce
qu'il n'y a que ces choſes qui ne ſoient
point extérieures , & qui ne dépendent
point de l'opinion des hommes. Mais ce
bonheur ſuppoſe la perfection qu'il décrit en ces termes : *C'eſt peu de n'être
pas déconcerté par la crainte , ſi en même
temps on ne ſurmonte la cupidité ; d'être
infatigable dans le travail, ſi on ſe laiſſe
vaincre par la volupté. Il ne faut avoir
ni crainte ni deſir : il faut être exemt de
trouble , & n'avoir point de ces maladies
d'eſprit qu'on appelle chagrin, volupté,
colére, afin d'être toûjours tranquille , &
de ne perdre jamais cette ſécurité qui
rend l'ame conſtante , & qui l'éleve au
deſſus de tout.*

Si on voit bien que c'eſt vouloir ſe
tromper ſoi-même que d'eſperer cet état
dans la vie preſente : comment ne voit-
on pas que c'eſt l'excés de la folie que

de prétendre s'y établir par soi-même.
J'avouë qu'il faut en approcher autant
qu'il est possible ; mais sera-ce en repri-
mant nôtre orgueil, ou en nous attribuant tout à nous-mêmes ? Pour rappeller l'homme au calme interieur, il ne
s'agit pas de lui faire de magnifiques
peintures : il faut lui découvrir ses maux
dans leur principe, & lui marquer des
remedes qui soient proportionnez à son
état.

Mais sur quoi Ciceron fondoit-il sa
tranquilité, sa sécurité, son repos imper-
turbable ? C'étoit sans doute sur la certi-
tude de sa lumiere, & sur la soûmission de
tous ses mouvemens. Quel sera donc le
fondement d'un Chrêtien, qui reconnoît
que ses lumieres sont foibles, & qu'il est
toûjours en danger de se méprendre, qui
sent que mille sentimens le préviennent,
trop capables de le répandre au dehors ;
& que quelque effort qu'il fasse, il en dépend jusqu'au tombeau ? Toutes les rui-
nes de la Nature ne feront point, si l'on
veut, capables de l'ébranler, dautant
qu'il n'a pas placé ses espérances dans ce
monde ; mais ne tremblera-t'il point dans
le sentiment de ses imperfections, & à la
vûë d'un Juge éxact qui demande toutes
ses pensées, & tous ses mouvemens ?

Ciceron

sont, non seulement assez *saine*, mais encore assez *forme* pour resister aux impressions des sens & des passions. C'étoit apparemment qu'il jugeoit de Ciceron, par les discours de Ciceron. Mais on peut lui opposer avec les principes de la Religion, tout ce que nous connoissons de l'homme.

Il ne faut point nous éblouïr nous-mêmes par de grands mots & des maximes pompeuses. Si la lumiere naturelle nous découvre qu'il vaut mieux se commander à soi-même, que de commander aux autres; conduire ses passions, que d'être emporté par leurs mouvemens; & qu'en même tems nous sentions combien elles sont excitées par les objets sensibles, le bon sens veut que dans l'expérience perpétuelle que nous faisons de notre foiblesse, nous nous éloignions de ces objets, & par conséquent nous ne nous chargions des emplois qui ont de grands rapports au monde, que lorsque nous ne pouvons nous en dispenser.

Si le Philosophe ne tire de lui-même qu'un extérieur forcé, que l'intérieur dément à tous momens, comment le Magistrat plus exposé que lui, dont les passions sont plus animées par les objets, se vaincra-t'il lui-même ?

deur de l'ame, fe font déchargez des affaires publiques, & ont cherché la foli-
tude. Ils fe propofoient la même fin que
ceux qui defirent la puiffance, ils afpi-
roient à un parfait ufage de leur liberté,
ils ne différoient que dans les moyens. Il
fouffre qu'on prenne ce parti quand on
n'a pas de fanté, ou pour s'appliquer à
quelque grande fcience. Mais il ne peut
fouffrir que fans des raifons tres-puiffan-
tes, on méprife les Dignitez, la Magiftra-
ture, les grands Emplois. Il ne blâme
pourtant perfonne d'avoir du mépris pour
la gloire, mais il trouve étrange qu'on
manque de courage, & qu'on foit fenfi-
ble au mépris & aux contradictions. Il
faut, pour être tel qu'il demande, *mépri-*
fer la volupté, être ferme dans la douleur,
n'être point touché de la gloire, ne fe point
laiffer ébranler par les outrages. Alors on
eft digne des grands emplois. Mais pendant que Ciceron difcouroit avec tant de
confiance, ne s'élevoit-il point dans fon
cœur mille inclinations déréglées, & ne
fentoit-il point en même tems fa foibleffe
& fon impuiffance? Impoftenc! Pere fu-
perbe! Si contre le fentiment de ce qui
fe paffoit en lui-même, il tenoit un tel
langage à fon fils. Un Auteur moderne
s'étoit imaginé que Ciceron avoit la Re-

non seulement assez *saine*, mais encore assez *ferme* pour resister aux impressions des sens & des passions. C'étoit apparemment qu'il jugeoit de Ciceron, par les discours de Ciceron. Mais on peut leur opposer avec les principes de la Religion, tout ce que nous connoissons de l'homme.

Il ne faut point nous éblouïr nous-mêmes par de grands mots & des maximes pompeuses. Si la lumiere naturelle nous découvre qu'il vaut mieux se commander à soi-même, que de commander aux autres; conduire ses passions, que d'être emporté par leurs mouvemens; & qu'en même tems nous sentions combien elles sont excitées par les objets sensibles, le bon sens veut que dans l'expérience perpétuelle que nous faisons de notre foiblesse, nous nous éloignions de ces objets, & par conséquent nous ne nous chargeons des emplois qui ont de grands rapports au monde, que lorsque nous ne pouvons nous en dispenser.

Si le Philosophe ne tire de lui-même l'extérieur forcé, que l'intérieur détruit à tous momens, comment le Maître plus exposé que lui, dont les passions sont plus animées par les objets, se vaincra-t'il lui-même?

Mais si l'on évite les Charges, on fera
voir qu'on manque de courage, & que
l'on craint les contradictions. Beau prétexte ! Pour courir à la Magistrature, il
faut inspirer du courage aux jeunes gens,
& leur apprendre à mépriser les contradictions. Mais il faut aussi leur faire connoître leurs foiblesses, les accoûtumer à
se défier d'eux-mêmes, & faire si bien
qu'ils y pensent plus d'une fois avant que
de se charger des affaires d'autrui. Si
nous nous connoissons tels que nous sommes, & si nous avons connu les secours
qui nous sont préparez, nous n'aurons
pas de peine à joindre le courage avec la
défiance de nous-mêmes.

Mais Ciceron distribuoit les vertus
comme il lui plaisoit ; & aprés avoir donné à son Sage la tranquillité d'esprit, la
sécurité, l'égalité, la constance, le desin-
teressement, il donne par dessus à son
sage Magistrat la force qui éleve l'ame
au dessus de toutes les contradictions, &
qui fait mépriser les outrages : en quoi on
ne peut nier qu'il eût fait merveilles, si
ses beaux discours avoient pû changer la
nature de l'homme. Mais l'homme de-
meurant toûjours foible & toûjours corrompu, pourquoi n'avoüe-t'on pas que
les projets de Ciceron ne sçauroient être
à sa portée ?

Quoi que ce Philosophe fasse consister
le mépris des choses humaines dans l'in-
différence qu'on a pour cette espece de
gloire qui dépend de l'opinion des hommes ; il lui faut dans la vie ou la Guerre
ou le Barreau. C'est là qu'il trouve la
grandeur d'ame. La vie privée & de Philosophe est trop peu de chose pour lui :
& pour incliner de plus en plus son fils
à la Magistrature, il met Solon au dessus
de Themistocles, dautant que la guerre
ne fut faite que par le conseil des Senateurs de l'Areopage établie par Solon. Par
la même raison il met Lycurgue au dessus de Pausanias, & de Lysander.

Il égale Scaurus à Marius, Catule à
Pompée, Nasica à Scipion l'Afriquain.
Il ne se souvient pas qu'autrefois en faveur de Murena il avoit mis par des raisons dignes de sa Philosophie, l'Art mi-
litaire au dessus de la Jurisprudence. Mais
il ne faut pas s'en étonner. Il vouloit ici
faire sçavoir ce qu'il étoit, & prouver
par le renversement du parti de Catilina,
& par le témoignage de Pompée, qu'il
surpassoit tous les hommes du monde,
non seulement en éloquence, mais en
force d'esprit & en grandeur d'ame. Avec
quelle impudence ce Héros, tout plein
du mépris des choses humaines, ne par-

G iij

le-t'il pas de lui-même ? C'étoit apparemment l'état de perfection où il étoit venu par sa force, qui le mettoit en droit de se loüer : il estoit insensible à tout : il pouvoit parler de lui-même comme il lui plaisoit.

Mais que l'emploi du Magistrat soit le plus grand, le plus sublime, le plus important, qu'en peut-on conclure autre chose, sinon qu'il ne faut pas s'ingerer de soi-même dans les Charges, qu'on a sujet de trembler en y entrant, & qu'il faut ne les accepter que par soûmission à la Providence, qui a tellement disposé toutes choses, que ceux qu'on établit dans des emplois qu'ils ne demandoient pas, trouvent ce qui leur est necessaire pour s'en acquitter dignement ?

Pourquoi aussi borner la vertu qu'on appelle *Force* ou grandeur d'ame, aux gens de guerre & aux Jurisconsultes ? Cette vertu, je l'avoüe, se fait remarquer principalement dans les Armes & dans la Robe. Mais un Esclave n'en peut-il pas avoir autant qu'un Capitaine, qu'un Conseil, qu'un Empereur ? La vertu ne dépend point des conditions. La Nature étant égale dans tous les hommes, tous ont également droit à la vertu : & l'Esclave qui sert fidelement

Maistre, qui porte en patience les
mauvais traitemens ; qui loin de murmurer, tâche à vaincre le mal par le
bien comme le bon sens le veut, principalement quand on n'est pas le plus
fort ; qui persévere constamment dans
cette disposition, a l'ame aussi grande &
aussi belle devant la lumiere de la Raison,
que celui qui s'acquitte le mieux des emplois les plus éclatans. Ceux qui font
pour les grands emplois, auroient
besoin de ces leçons, & non pas des maximes de Ciceron, qu'ils ne sçavent toûjours que trop.

Que sert donc de dire aprés ce Philosophe? Qu'il ne faut pas regarder ce «
qu'une Charge a d'éclatant, mais éxa- «
miner si l'on est capable de la remplir, «
qu'il ne faut pas que la paresse nous en «
détourne, ny que la cupidité nous y «
engage ; que l'homme est grand par la «
grandeur de son Esprit, & non pas par celle «
de son corps ; qu'il est d'une ame ferme «
& constante d'être toûjours dans une «
même situation, de ne se point laisser «
abbattre, d'avoir toûjours la liberté de «
son jugement, & de ne s'écarter jamais «
de la Raison, de prévoir tout, & de ne «
point s'exposer à dire ; *Je n'y pensois* «
pas. Qu'il faut se donner tout à tous ; «

G iiij

» que les préférences causent de grand
» desordres ; que les disputes qui nai
» sent pour les honneurs sont pernicieu
» ses ; que des Magistrats qui s'opiniâ
» trent les uns contre les autres pour le
» gouvernement, sont semblables à de
» Pilotes qui disputeroient entr'eux, pen-
» dant que la tempête les menaceroit du
» naufrage ; que la clemence est le carac-
» tére d'un grand cœur ; mais que sou-
» vent pour le bien public il faut mon-
» trer de la sévérité ; qu'il faut mettre en-
» tre la peine & la faute une juste pro-
» portion : qu'on ne peut pardonner aux
» uns ce qu'on n'a pas pardonné aux au-
» tres ; qu'il faut être égal dans la bonne
» & dans la mauvaise fortune ; que dans
» la prospérité plus qu'en tout autre tems
» on a besoin du conseil de ses amis ;
» que la flaterie est alors la chose du mon-
» de la plus à craindre, à cause du mal-
» heureux penchant que nous avons à
» croire que nous méritons les loüanges
» qu'on nous donne.

Ce sont des choses qu'on repéte tous
les jours aux jeunes gens, mais qui ne
se disent plus que pour la forme ; parce
qu'en effet elles ne peuvent rien signifier
pour des hommes qui ne se connoissent
pas. Celui qu'on a revêtu d'un grand

imploy, peut dire par exemple, que tout
ce qu'on veut lui faire passer pour *bien*,
lui paroît *mal*; qu'il aime mieux contenter ses humeurs & ses inclinations, que
de courir aprés les chiméres qu'on lui
propose ; qu'entre *le juste & l'injuste*,
l'honnête & le deshonnête, il n'y a que
la différence que nous y voulons mettre ;
que l'amour propre étant la regle des
jugemens des hommes, tout le bon sens
consiste à faire de nôtre part tout ce que
nous inspire l'amour propre ; & qu'ainsi
ceux qui prennent le parti du plaisir &
des contentemens de la Nature, font le
meilleur choix. Je sçai bien qu'en consultant la lumiére naturelle, on voit incontinent l'erreur & le ridicule de tout
ce Discours. Mais je défie qu'on y réponde par Ciceron. Il faut marquer à l'homme ce qu'il est, si on veut le mener à la
connoissance de la justice, & lui apprendre à se conduire sagement.

Pourquoi voyons-nous tant de gens à
qui on a recommandé mille & mille fois
la pratique des vertus morales, s'abandonner dans le courant du monde à la
flatterie, à la dissimulation, à la dupli-
cité, à l'ostentation, aux injustices, &
aux bassesses ? C'est que toutes les leçons
qu'on leur a faites n'ayant eu que le

monde pour objet, ils ont connu dans la
suite que le monde auquel on les a livrez
ne vit point à la sincérité, au desinteres-
sement, à la simplité, à l'amour de la
vérité : ils voyent que les fourbes & les
flatteurs, ces hommes vains qui se font
valoir, & qui sont toûjours dans le parti
du plus fort, prennent le pas dans le chemin des honneurs & des richesses : ils
suivent ces heureux, & renvoyent au Por-
tique les grands sentimens de vertu. Si les
hommes avoient senti ce qu'ils sont, s'ils
avoient reconnu la Loy qui les presse &
la main dont ils dépendent, passeroient-
ils leur vie dans l'oubli d'eux-mêmes, &
sans retour vers les vrais biens ?

CHAPITRE XV.

*Ciceron parloit d'Appetit & de Raison,
sans sçavoir ce qu'il disoit. Il broüille
l'idée que chacun de nous a de l'Ordre.*

CIceron vient à la Temperance. C'est,
selon lui, *un air de bien-seance qui
ne peut être séparé de ce qui est honnête,
& dont il est plus aisé de concevoir que
d'expliquer la nature particuliére.* Il é-
claircit sa pensée par deux exemples.

...ne seroit pas, dit-il, garder la bien-
...ce dans la Poësie, que d'attribuer
... paroles à Minos ou à Æacus: *Qu'ils*
applaudissent pourvû qu'ils me craignent:
...elles conviennent tout-à-fait à
...ve. (Et il ajoûte ensuite:) Comme
...prend plaisir à voir un corps dont
...es les parties ont de justes propor-
...ns, de même cette bien-séance se
...ant répanduë sur toutes nos actions
...os paroles, plaît infiniment & at-
...e l'approbation de tout le monde.
...ce qui fait que rien n'est tant la mar-
...que d'un esprit déréglé & d'un cœur
...corrompu, que de compter pour rien
...ce que les hommes peuvent dire & pen-
...ser de nous.

...Pour établir son fils dans cet air de
...bien-séance si charmant, il lui fait distin-
...guer deux choses dans la nature humai-
...ne. L'*appetit* & la *Raison*. L'appetit em-
...porte l'homme çà & là. La raison doit
...éclairer & le conduire. L'appetit doit
...obéïr: la raison doit donner la loi.

...Tout cela est bon. Mais la difficulté
...de le bien soutenir. Car d'où sçait-
...on que l'*Appetit* doit obéïr à la *Raison*?
Qu'est-ce que cet *Appetit*? Qu'est-ce que
...tre *Raison*? Puisque tous les deux se
...trouvent dans une même substance, d'où

vient que leur Auteur ne les a pas
d'accord ? A-t'il voulu qu'il y eût d
confusion dans son Ouvrage ? S'il ne
pas voulu, il n'y en a pas ; & nous dev
laisser les choses dans leur état natu
L'appetit est dans ses bornes, là rai
est dans les siennes : ou plûtôt ce que v
appellez *Appetit & Raison*, n'est qu
même chose que vous considerez com
il vous plaît, mais que nous ne dev
employer que pour nôtre satisfacti
Voilà sans doute de l'embarras pour c
qui n'en sçavent pas plus que Ciceron.

Puisque ce Philosophe vouloit disc
rir sur *la Raison & l'Appetit*, il dev
examiner si la nature est telle qu'elle do
être, si son Auteur l'a faite ce qu'elle e
ou s'il s'en faut prendre à nous-même
il devoit examiner ce que c'est que ce
nature, ce que c'est que la *Raison*, ce q
c'est que l'*Appetit* ; d'où vient que l'
petit s'appelle la partie inférieure de l'â
me : d'où vient que la *Raison* toute part
supérieure qu'elle est, succombe & cé
à l'*Appetit* : si c'est par une foiblesse q
nous puissions corriger, ou par une e
tiere impuissance. Il devoit comparer
sentiment avec la connoissance, le la
gage de la raison, avec la vivacité du pla
sir. Au lieu d'y proceder de cette sort

par où il débute. *Il n'y a que l'homme, dit-il, entre tous les animaux, qui
aime l'ordre & la bien-séance qui se
trouve dans les paroles & dans les actions
réglées; il n'y a que luy qui apperçoit l'arrangement & les rapports des
parties d'un objet : & cet ordre & cette
beauté passant de ses yeux à son esprit,
il juge que l'un & l'autre se doivent trouver principalement dans ses desseins &
dans ses entreprises.*

Cela fait voir évidemment qu'il croyoit
ne voir l'idée d'ordre, * de la présence
des objets sensibles, comme si les proportions de ces objets n'avoient pas un
principe d'où l'esprit les peut tirer indépendamment du reste des créatures, ou
comme si les idées des êtres n'étoient
pas préalables à ces êtres, & que ce ne
soit pas l'ordre de ces idées qu'on voit
quand on apperçoit des proportions.

En confondant ainsi des idées éternelles & invariables avec des impressions
changeantes & passagères, il ne pouvoit
rien faire de plus pour l'ordre que d'en
faire une vertu particulière sous le nom
de modération ; & aprés lui on ne peut rien
faire de moins que de moraliser inutilement : puisque l'ordre est non seulement

* Arist. la Métap.

une vertu, mais encore le principe
toutes les vertus, ou la source de tou
les idées & de toutes les Loix de la ju
ce, & par conséquent l'unique fon
ment d'une Morale, sans lequel on
peut parler qu'en l'air de la *Raison* &
l'*Appetit*.

Cependant comme si Ciceron av
dit tout ce qu'on peut désirer sur l'u
& sur l'autre, ses disciples trop satisfa
» se récrient sérieusement sur la Pro
» dence de la nature, qui a mis en no
» des marques sensibles du desordre qu
» cause le soulevement de l'Appetit co
» tre la Raison, en nous défigurant
» quelque sorte lorsque nous sommes a
» tez de quelque passion.

Pour moy, je trouve que ces marqu
sont équivoques. Un homme zélé po
Dieu pâlit ou s'irrite quand il s'agit d
intérêts de Dieu, comme un homm
passionné quand il s'agit des siens pr
pres. C'est sans doute un effet de
Providence, mais il faudroit l'expliqu
autrement qu'en l'appellant *Providenc*
de la Nature. Ce mot de *Nature* équi
voque & confus ne fait pas un bon e
fet. L'Auteur de la Nature a construit no
corps de maniére que suivant les idées
les sentimens de l'ame, où selon les be

de ces mêmes corps les esprits s'y
... en diverses façons, d'où ré-
... ces marques dont il est question.
... en quoy consiste la Providence qui
... autre chose que la volonté toûjours
...issante du Créateur suivant les vûës
...ernelles, & dont je sçay bien que Ci-
...ron n'a jamais eu qu'une idée tres-
...fuse, même lorsqu'il a parlé de la
... & de l'*Appetit*.

CHAPITRE XVI.

Inutilité des raisonnemens de Ciceron con-
tre la volupté. Il se trouve qu'il
l'autorise.

UN des premiers effets de l'*Appetit*
c'est d'emporter l'homme dans la
volupté. C'est pourquoy Ciceron donne
tous les motifs qu'il peut pour résister à
cette ennemie de la sagesse. *Elle est,*
dit-il, le partage des bêtes, & l'homme
fait pour quelque chose de plus grand,
comme il paroît par ses réfléxions & ses
... continuelles.

Est-ce ainsi qu'on prétend donner à de
jeunes gens de l'horreur pour la volupté?
Je ne m'inquiète pas, dira un volu-

ptueux, de ce qui se passe dans les b
-tes. Ce qu'on en dit communément
fondé que sur de mauvaises conjectur
Je me trouve heureux lorsque je sens
plaisir, & ce plaisir ne me vient que p
mes sens. Vôtre Raison & vôtre Sage
me désolent. Parmi vos grands mots
vos promesses magnifiques mon ame
trouve vuide & inquiète : je vous sou
çonnerois volontiers de me vouloir i
poser, & de ne me parler un langage op
posé à tous les sentimens de la Nature
que pour vous élever en idée pendan
que vous êtes charmé comme je le sui
des objets sensibles.

En effet, Ciceron ne sentoit-il p
qu'il étoit esclave du plaisir, & que d
quelque côté qu'il se tournât il voulo
en goûter ? N'éprouvoit-il pas tous l
jours qu'un léger sentiment l'emporto
sur ses vagues spéculations? Il se douto
peut-être que le plaisir ne nous ren
pas parfaits, mais il ne le voyoit pas clai
rement, puisqu'il n'en peut dire les rai
sons. Et quand il auroit eu toutes le
connoissances qu'on peut avoir à cet é
gard, elles n'auroient pû servir qu'à l
confondre dans le sentiment de son ar
deur persévérante pour les plaisirs, & de
l'impuissance de ses idées à suspendre cette

une ardeur toûjours agissante & victorieu-
se. De sorte que s'il avoit été sincére, loin
de parler avec cette confiance & cette
ostentation qu'on lui trouve par tout, il
auroit porté les autres à s'humilier, & à
gémir à la vûë de leur état.

Il est certain que celui de Ciceron &
des autres Payens étoit le plus déplorable qu'on puisse concevoir. Ils ne se con-
noissoient pas, & il leur étoit impossible
de rompre leurs fers, ils étoient nécessairement emportez par le poids des plaisirs sensibles : il n'y a que les Chrétiens
qui connoissant l'ordre & le desordre de
leur nature, puissent vaincre ce poids funeste qui leur est commun avec les Payens,
par le contrepoids de la grace de Jesus-
Christ.

Il faut donc jusqu'à ce que ce divin
reméde leur soit appliqué, les rappeller
à leur origine, à leur fin, à la justice de
la main qui distribuë les plaisirs, & les
douleurs. Il faut leur découvrir la nature
& les effets de la volupté, & leur faire
comparer l'état où elle les réduit avec les
desseins de leur Auteur.

Or ce qui prouve, dit Ciceron, *que la
volupté est indigne de l'homme, c'est que
celui qui s'y abandonne se cache, & n'ose
paroître ce qu'il est.* Mais dira encore le

H

voluptueux, si je me cache, ce n'est pas
que je ne sois content de moi-même, &
que ce que je fais ne soit de soy-même
indifférent, c'est pour éviter la censure
de ceux qui vivent d'opinion & de cous
tume. Il y a des païs où je ne me cache-
rois pas. Je m'accommode aux maximes
du vulgaire.

Dans le fond, Ciceron n'étoit pas très
opposé aux plaisirs. S'il y a quelqu'un,
dit-il, qui ne s'en puisse passer, qu'il se
souvienne *d'en user sobrement*. Cela est
humain. Mais dira-t'on que cette indulgence n'ouvre pas la porte à la volupté?
Quelque modération qu'on mette dans
les plaisirs, ne sont-ils pas sur nous des
impressions qui nous restent? Et toûjours
sollicitez par ces impressions ne retour-
nons-nous pas aux objets d'où nous les
avons reçûës? Ciceron le permet. Ces
impressions s'augmentent. On est de plus
en plus sollicité. Comment Ciceron nous
tirera-t'il de-là? Aprés qu'on a cédé aux
impressions du plaisir, s'abstiendra-t'on
de le goûter dans toute son étenduë?
Mais Ciceron a dit qu'il falloit en *user sobrement*. Cela suffit. Tout le monde lui
applaudira-t'il pour ce mot, parce qu'il nous
a droit de goûter le plaisir? Aveugles
qui ne voyons pas que le goût du plaisir

...ennit la modération : Injustes qui vou-
...que la main qui le distribuë nous le
...fournir, sans l'avoir mérité. Ciceron
...oit-il reconnu la cause véritable du
...sir ? S'il la connoissoit, d'où vient
...qu'il n'en parle pas, & qu'il ne régle pas
...discours sur cette connoissance ? Et
...'il ne l'a pas connuë, que peut-il dire de
...lide sur la joüissance ou la privation des
...isirs ?

CHAPITRE XVII.

Fausses idées de Ciceron & de Caton. Il faut toujours rappeller l'esprit à sa lumiére.

C'Est un point important dans la Mo-rale que d'avoir des maniéres où les personnes raisonnables ne trouvent point à redire. Ciceron le sçavoit, & pour instruire son fils à cet égard, il lui dit que tout homme a quatre personna-ges à faire dans le monde. Un *commun* qui est de suivre la Raison. Un *particu-lier*, qui est de se proportionner à son tempérament. Un *passager*, que l'on doit quitter selon les circonstances & des tems & des lieux. Un absolument *arbi-traire.*

Le second personnage lui tenoit le pl[us]
au cœur. On se déplace, on gâte tou[t]
„quand on ne le soûtient pas.„Crassus, d[it]
„il, avoit bonne grace dans tout ce qu'i[l]
„faisoit. Scaurus avoit un air sevére. Lœliu[s]
„étoit enjoüé. Scipion étoit ambitieux &
„réservé. Socrate étoit agréable & plai[-]
„sant. Pythagore & Périclés qui avoien[t]
„tant de crédit n'étoient pas gais. Anniba[l]
„étoit rusé. Quintus Maximus l'étoit aus[-]
„si. Themistocles les surpassoit. Sylla &
„Crassus sçavoient se contrefaire. Ly-
„sander & Callicratides dans une mê[-]
„me Charge qu'ils exercerent l'un aprés[ ]
„l'autre, étoient d'humeur fort différen-
„te. Catule, Mutius, & Scipion Nasica[ ]
„étoient fort éloquens. Le Pere de Na-
„sica ne l'étoit pas, &c. Chacun de ces[ ]
fameux Grecs & Romains avoit son mérite particulier, parce que chacun d'eux[ ]
suivoit son propre caractére, dont l'ascendant est tel qu'il rend loüable dans celui-
ci ce qui seroit blâmable dans celui-là.
D'où le Philosophe conclud que Caton[ ]
voulant se souftraire à la domination d'un[ ]
Tyran, fut en droit de se donner la mort,
parce que cette action convenoit à la roideur de son tempéramment, & à son in-
complaisance naturelle.

Mais où avoit-il appris qu'un homme[ ]

pour soûtenir le personnage qu'il a commencé, se doit donner la mort ? Trouve-
t'on cette maxime dans la lumiére naturelle ? où n'y trouve-t'on point, que si
nous ne pouvons pas changer nôtre tem-
peramment, nous ne pouvons pas changer davantage les affaires du monde, &
qu'ainsi par la même raison que nous
sommes obligez de céder à nôtre humeur grave ou enjoüée, nous devons céder au torrent des affaires.

Mais l'orgueilleux Caton rempli de
l'idée de sa sotte vertu, & engagé à faire
tout céder à sa chimére, voulut pousser
la fierté jusqu'au bout : Et Ciceron en
l'approuvant veut faire entendre que son
Sage fait la Loy à l'Univers, & qu'il n'en
reconnoît aucune. Il falloit à Caton un
César, pour lui faire sentir sa foiblesse,
& pour apprendre à l'Univers que le
moindre de tous les hommes étoit moins
foible que le plus fier des Philosophes.

En effet, comment accorder cette fierté avec les idées que la lumiére naturelle nous fournit d'une subordination de
causes, d'un enchaînement d'effets où
nous ne pouvons rien changer, parce
qu'il est l'ouvrage d'une puissance supérieure, d'une puissance qui fait de nous
ce qu'il lui plaît ; quoique nous soyons

obligez à faire tout le bien que nous
pouvons ? Comment enfin accorder la
conduite de Caton & les discours de
Ciceron avec la Providence qui est l'objet principal d'une vie raisonnable ? Assûrément ils ne jugeoient des choses que
sur les sentimens confus dont ils étoient
remplis.

J'avouë qu'il est à propos d'avertir les
jeûnes gens qu'ils ont plus d'un personnage à faire dans le monde ; & que rien
n'est de plus mauvaise grace que de se
contrefaire. Mais il faut que ce soit en
leur découvrant les fondemens des devoirs de la vie humaine, & en les rap-
pellant continuellement à la Loy primitive d'où dépend l'ordre de la societé.
C'est de-là que se tire la vraye politesse,
l'urbanité, la candeur, la simplicité qu'-
on désire tant dans le commerce de la
vie, & qui s'y trouve si peu. Avec les instructions vagues de Ciceron on suit sou-
tempéramment ; c'est-à-dire, le penchant
de la nature corrompuë ; & on ne se con-
trefait que pour tromper ceux à qui on a
intérêt de ne se pas faire connoître.

Pour les causes de la diversité des tem-
pérammens, c'est à la Physique à les apprendre. Mais on peut dire en passant
que c'est la lenteur ou la vivacité des es-

animaux jointe aux impreſſions que
les objets ſenſibles font ſur le cerveau,
nous détermine aux différentes occaſions de la vie ; que le mouvement
des eſprits & la conſiſtence des fibres du
cerveau étant capables d'une variété infinie, on ne doit pas s'étonner ſi les génies
ſont plus différents que les viſages ; qu'
enfin les effets de tout cela étant réglez
par cette lumiére univerſelle que nous
appellons *La Raiſon*, ſont préciſément ce
qui fait une perſonne raiſonnable. Car
c'eſt à cette lumiére qu'il faut toûjours
rappeller les hommes en leur faiſant remarquer dans les ténébres du ſentiment
le principe de leurs erreurs & de leurs
confuſions.

CHAPITRE XVIII.

On ne peut apprendre de Ciceron la ma-
niére de faire choix d'un genre de vie.
Suites déplorables des éducations or-
dinaires.

Ciceron avoit reconnu que la cauſe la
plus ordinaire du renverſement de
la Juſtice, & des deſordres du monde,
c'eſt que les hommes embraſſent moins

le genre de vie qui leur convient que
lui qui leur plaît, & qu'ils s'engage
sans consulter leurs propres forces ni
lumiére naturelle : Voici ce qu'il dit po
empêcher qu'on ne donne si témérai
ment dans les emplois. *Il ne faut pas e*
pérer qu'il nous arrive ce qui arriva
Hercule, qui s'étant mis à rêver loin d
bruit & du tumulte, apperçût deux ch
mins, l'un qui conduisoit à la volupté
& l'autre à la vertu, afin qu'il se déter
minât ou pour l'un ou pour l'autre. To
ne font pas traitez comme le fils de Ju
piter. D'où il conclut que chacun doi
penser férieusement au parti qu'il doi
prendre ; & comme c'est une délibéra
tion difficile, il donne pour principe
„ qu'il faut avoir égard à la fortune
„ mais qu'il faut en avoir davantage à fo
„ tempéramment : qu'il faut être conſtan
„ dans le genre de vie qu'on a embraſſé
„ aprés s'être bien consulté ſoy-même
„ mais pourtant qu'il ne faut pas faire
„ difficulté de le changer, ſi l'on s'apper
„ çoit qu'on ſe ſoit trompé ; qu'on doi
„ ſeulement faire en ſorte que ce change
„ ment paroiſſe le moins qu'il eſt poſſible
„ Il ajoûte, que ſi un homme n'eſt pr
„ pre ni pour le Barreau, ni pour la Gûer
„ re, il pourra du moins acquerir les
vertu

tus qu'on appelle Justice, Fidélité, Li- «
alité, Modération, Tempérance : «
que le plus beau partage que nos Pa- «
nous puissent laisser, c'est la gloi- «
de leur vertu, & de leurs belles ac- «
tions. «

Il n'y a rien là de mauvais. Mais puis-
il s'agit de montrer à un jeune hom-
l'importance de faire choix d'un état
lui convienne, ne seroit-il point plus
propos de lui représenter ce qu'il est,
des choses humaines, la fin qu'il se
doit proposer, la différence des biens
du corps à ceux de l'ame, la vanité de
tout ce qui frappe nos sens, les erreurs
l'exemple & la coûtume nous préci-
tent, les desordres & les malheurs qui
en sont les effets, la paix & la satisfaction intérieure d'un homme qui mesure
ses forces, & qui ne fait que ce qu'il ne
peut sans remords ne point faire ? Je ne
dis pas qu'il suffise de dire ces choses, il
faut les faire sentir, ou en convaincre
l'auditeur par tous les sentimens qu'il é-
prouve & toutes les idées qui se présen-
tent à lui.

Cicéron dit encore » qu'il faut que «
les jeunes gens respectent & consultent «
les Vieillards, mais que les Vieillards «
ne doivent point s'abandonner à la pa- «

I

„ resse, & que rien nest plus honteux
„ la vieillesse que la volupté.....: qu'[un]
„ Magistrat représente toute une Ville[,]
„ qu'il doit soûtenir sa dignité, garder l[es]
„ Loix, se souvenir de ce qui lui a é[té]
„ confié : qu'un Citoïen doit bien vivr[e]
„ avec les autres Citoïens, sans trop s'ab[-]
„ baisser ni trop s'élever, se proposer toû[-]
„ jours le bien de la paix : qu'un Hab[i-]
„ tant ne se doit mêler que de ses propr[es]
„ affaires.

Voilà encore de bonnes choses. Mai[s]
la difficulté n'est pas de les dire. Tout l[e]
monde les sçait & les répéte depui[s]
long-tems. Il ne s'agit plus que de déli[-]
vrer les hommes des préjugez qui les a[-]
veuglent, & qui leur font tout confon[-]
dre. Pendant qu'ils demeureront dan[s]
les erreurs des sens & de l'imagination[,]
peut-on attendre d'eux une vie raisonna[-]
ble ? Et peut-on n'avoir pas encore ap[-]
pris que les discours ordinaires qu'o[n]
leur fait sur la vertu & le *decorum* n'on[t]
servi jusqu'à présent qu'à leur faire dé[-]
guiser suivant les circonstances leur or[-]
gueil, leurs jalousies, leur sensualité ? A[
les voir faire on peut assurer qu'ils ne fe[-]
roient pas autrement si on les avoit toû[-]
jours exhortez à suivre leurs passions & [à]
ne les dissimuler qu'en certains tems &[c]

[illegible] personnes. Mais on aime tant
[illegible] soy-même, qu'on ne veut
[illegible] ter de si prés. Le sentiment
[illegible] de la bassesse des passions fait
[illegible] parler à découvert en leur
[illegible] Mais la douceur qu'on éprouve à
[illegible] permet encore moins de les
[illegible] On parle donc de vertu sans
[illegible] approfondir ; & on tache à en donner
[illegible] apparences au vice dans lequel on se
[illegible] On s'accorde dans cette pratique,
[illegible] s'en fait une tradition perpétuelle
[illegible] vieillards aux jeunes gens.

[illegible] donc si l'on veut aprés Cice-
ro, [illegible] qu'il faut avoir un air aisé, & «
[illegible] sa beauté par la couleur que «
[illegible] exercices du corps : qu'il «
[illegible] propreté qui ne soit point «
[illegible] & qui marque seulement qu'- «
[illegible] néglige pas : qu'il ne faut pas «
[illegible] dans ses habits : qu'il «
[illegible] d'un pas qui ne soit ni «
[illegible] qu'il faut travailler «
[illegible] la voix douce & claire : qu'il «
[illegible] pas vouloir toûjours parler : «
[illegible] que dans une conversation «
[illegible] à son tour ; qu'il faut être «
[illegible] parle de choses sérieuses ; «
[illegible] enjoüé si l'on parle de «
[illegible] divertissantes : qu'il faut princi- «

„ palement prendre garde de se fair
„ soupçonner par ses discours d'avoir de
„ vices d'esprit , ce qui arrive toûjour
„ quand on parle mal des absens : qu'a
„ prés s'être écarté de son sujet il faut
„ revenir sans marquer par ses discour
„ ni cupidité , ni non-chalence , & fai
„ sant toûjours ensorte que ceux avec qu
„ nous conversons jugent que nous avon
„ pour eux de l'amitié & de l'estime : qu
„ l'on peut quelquefois reprendre ses a
„ mis , pourvû qu'on leur fasse entendre
„ que ce n'est que par amitié & pour leu
„ bien qu'on en vient là : qu'on a bonne
„ grace de demeurer de sang froid lorsqu'
„ on est traité d'une maniére injurieuse :
„ qu'on se rend toûjours méprisable quand
„ à l'exemple d'un soldat vain & super
„ be on s'attribuë du mérite , & on loüe
„ en soy-même ce qui n'y fut jamais.

„ On dira encore „ qu'un Magistrat doit
„ faire plus d'honneur à sa Maison , qu'
„ elle ne lui en fait ; qu'il la doit rendre
„ propre à recevoir beaucoup d'honnêtes
„ gens : qu'il ne doit pas faire des dépen-
„ ses extraordinaires pour la rendre ma-
„ gnifique : en un mot , qu'il faut que la
„ cupidité obéïsse à la Raison.

„ On ajoûtera qu'il faut changer de
„ discours selon les tems & les lieux :

qu'on peut rêver en ſe promenant, «
mais qu'il ne faut pas rêver à table ; «
qu'il ne faut pas chanter dans les Pla- «
ces publiques : que nous devons re- «
chercher en nous - mêmes juſqu'aux «
moindres défauts, obſerver les autres «
pour reconnoître ce que nous ſommes, «
conſulter les plus habiles ſur l'ordre de «
nos devoirs : qu'il faut à cet égard fai- «
re comme les Peintres, qui tirent avan- «
tage de tous les jugemens qu'on porte «
de leurs ouvrages ; qu'il ne faut point al- «
léguer Socrate ni Ariſtippe contre des «
coûtumes reçuës ; qu'il faut laiſſer là les «
Cyniques comme de mal-honnêtes gens: «
qu'il faut honorer ceux qui ſont en «
Charge, & qui s'en acquittent bien, «
qu'il faut beaucoup déférer à la viei- «
leſſe, qu'il faut diſtinguer entre les Ci- «
toïens : qu'il faut contribuer autant «
qu'on peut au bien de la ſociété civile. «

On dira toutes ces choſes, & on ne
les fera qu'autant que la cupidité y con-
ſentira, parce qu'on ne les ſçait que confuſément , & qu'on ne les veut ſçavoir
que pour le monde, où la cupidité exerce un empire abſolu. On croit quelquefois n'en être pas dominé, parce qu'on
ne donne pas tête baiſſée dans tout ce
qu'elle demande. Mais on ſe trompe fort

en cela. C'est elle-même qui se contrain
& qui se ménage, pour ne pâs manque
ce qu'elle a le plus en veuë. Tout cel
n'est que trop certain par l'expérience. E
on l'avoüe suffisamment lorsque rédui
sant en maximes tout ce qui regarde le
plaisirs des sens & l'orgueil de la vie, o
conclut de leur fragilité qu'il faut e
joüir avant que le tems s'en passe, a
lieu de conclure qu'il faudroit cherche
des Biens plus solides. Ce qui sans doute
est l'effet des ténébres, où l'on demeure
encore aprés le grand bruit de vertu qu'
on fait tous les jours.

Il est vray que bien qu'on sente sa misére, qu'on voye clairement sa dépendance, qu'on discerne parfaitement les
vrais biens, & qu'on n'hésite pas sur les
sources de la perfection & du bonheur,
on n'a pas toûjours neanmoins la sainteté
qui doit répondre à ces connoissances
mais du moins on ne peut s'empêcher
de se voir tel qu'on est : On s'en occup-
pe quelquefois, & dans ces réfléxions
on est fléxible à la grace, d'où dépend la
pratique de la vertu : au lieu que celui
qui ne se connoît point n'en est jamais
émû faute de discernement, & d'attention.

CHAPITRE XIX.

Ciceron n'avoit que des sentimens popu-
laires. Suivant l'objet qu'il donne à la
sagesse, il n'étoit nullement sage.

ON ne voit pas qu'il fût fort nécessaire que Ciceron fist entrer dans
le *Decorum* jusqu'aux derniers emplois
de la société. Quoiqu'il en soit. » Il n'es- «
time point les Fermiers ; il méprise les «
Mercenaires, ceux qui achettent pour «
vendre, tous les Artisans de boutique, «
les Patissiers, les Parfumeurs, les Dan- «
seurs, &c. comme s'il eût craint que «
son fils fût devenu Fermier, Rotisseur
ou Patissier ; & s'il n'avoit pas sçû que
chaque employ ou métier ayant son utilité particuliére, toute la société n'en
doit pas être privée à cause du mauvais
usage que quelques particuliers en font.
Il fait cas de la Médecine & de l'Ar-
chitecture ; & il loüe un Marchand, lequel aprés avoir fait un gros trafic se las-
se de gagner & se retire dans sa Maison
de Campagne, où il cultive son jardin.
Car, selon Ciceron, rien n'est plus digne d'un homme libre que l'aimable

Agriculture. Tout cela est merveilleusement bien lié. Mais croyoit-il qu'un Ar-
chitecte ne s'estime pas autant qu'un La-
boureur ? Les Médecins ne peuvent-ils
pas être des fourbes aussi-bien que les
gens de boutique ? Par quelle raison es-
time-t'il plus un gros Marchand que celui qui ne fait qu'un médiocre trafic ?
Est-ce une raison de méprisér des emplois, parce qu'ils n'ont rien d'éclatant ?
On devroit, ce me semble, prendre un
soin particulier de détruire dans les jeunes gens ces opinions populaires.

On peut leur faire remarquer la subordination des Arts ; fondée sur celle des
deux parties dont nous sommes compo-
sez, & ausquelles tous les emplois de la
vie se rapportent. Mais il faut qu'ils sçachent que tous ayant une même fin,
puisque le corps est pour l'ame, & l'ame
pour son Auteur, c'est une maxime fausse
& injuste que de méprisér tel ou tel à
cause de son employ. Mais il falloit que
tout fût petit devant la Magistrature de
Ciceron, & tout d'un coup reprenant ses
» hautes idées pour elle, il dit que » la
» sagesse qu'on définit la Contemplation
» ET LA CONNOISSANCE DES CHOSES DI-
» VINES ET HUMAINES *est imparfaite, ou*
» *n'est qu'un commencement de sagesse.*

quand elle ne produit pas une vie agis- «
sante pour le Bien public. Et la raison «
qu'il en donne. C'est que la vie de- «
viendroit ennuyeuse & insupportable à «
l'homme quelque sçavant & quelque «
riche qu'il fût s'il étoit dans une si gran- «
de solitude qu'il ne pût jamais voir per- «
sonne. Un grand homme pouvoit-il rai-
sonner ainsi ?

Les hommes ne peuvent se dispenser
de se secourir autant qu'ils le peuvent les
uns les autres, c'est à cause de l'union
naturelle de leurs esprits avec la souveraine Raison. A peine en trouve-t'on qui
puissent porter une solitude continuelle,
c'est à cause de la dépendance où ils sont
de leurs corps. S'il n'y avoit pas de déréglement dans leur nature, bien loin qu'ils
évitassent la solitude, où ils contemple-
roient à loisir l'objet de leur bonheur &
de leur perfection, qu'au contraire ils
n'en sortiroient qu'à regret, & seulement pour obéir à la Loy indispensable
de s'aider mutuellement. Mais dans l'é-
tat où ils sont, détournez sans cesse de
leur objet par les importunitez d'un
corps révolté, ils tombent dans l'abbat-
tement, & cherchent à se délasser parmi
les objets sensibles.

Suivant ces principes, qui certaine-

ment sont plus solides que ceux de Ciceron, l'on peut être sage autant qu'il e
possible de l'être sans quitter la solitude
& on peut assûrer que celui qui la quitte
lorsque le public se peut bien passer d
lui, & ne le demande pas, cherche à (e
dérober à lui-même, & ne se plaît pas
contempler les choses divines & humai-
nes.

Je veux avec Ciceron, que la *justic*
soit préférable à la sagesse, l'action à l
spéculation, l'éloquence à la simple mé-
ditation, & la bien-séance au bien mê-
me de la République, s'il étoit possible
qu'elle nous demandât quelque chose con-
tre nôtre honneur ; je veux que cette bien
séance soit inséparable de la force qui se
roit sans elle plûtôt une brutalité qu'une
vertu. Je ne voi rien là contre la sagesse
qui se borne à la contemplation des choses divines & humaines pendant qu'on
n'est pas appellé aux emplois extérieurs
par une autorité supérieure. Mais je voudrois sçavoir quelles étoient ces *cho-*
ses divines & humaines, que Ciceron en
qualité de Sage contemploit. S'il n'a eû
qu'une connoissance vague & confuse de
l'existence de Dieu : S'il n'a connu ni
l'unité, ni aucun des attributs divins : s'il
a toûjours été chancelant sur l'immorta-

...té de l'ame, & indulgent pour l'opinion de ceux qui soûtenoient qu'elle
pourroit : s'il n'a connu le principe ni de
ſa volontez ni de ſes ſentimens : s'il n'a
connu ni la naturè du corps, ni aucune
des Loix de la Nature, lui attribuera-t'on
la ſageſſe qu'il fait conſiſter *dans la con-*
templation & la connoiſſance des choſes
divines & humaines ?

Un de ſes plus zélez Diſciples a dit,
qu'il faut être ſobre, même dans la re-
cherche de la vérité. Franchement je trouve que Ciceron a ſi bien ſuivi cette régle,
que non-ſeulement il s'eſt abſtenu de rechercher ce qui paſſe les bornes de l'eſprit humain, ſelon la régle de la ſageſſe,
mais encore qu'il a laiſſé là tout ce qu'il eſt
abſolument néceſſaire de ſçavoir pour
connoître ce qu'on eſt & ce qu'on doit
devenir.

CHAPITRE XX.

Ciceron eſt contraire à lui-même. Pour-
quoy on aime ſes maniéres.

NOtre Philoſophe aprés avoir traité
des vertus, prétend traiter de l'U-
tile. Mais d'abord il juge à propos de

rendre raison de cet air de Philosoph[e]
qu'il se donne. Durant l'état le plus fl[o]-
rissant de la République il se donno[it]
tout à elle, toutes ses pensées & tous s[es]
soins ne tendoient qu'à rendre ses C[i]-
toïens heureux. Mais dans la révolutio[n]
fatale des affaires qui n'étoient plu[s]
gouvernées que par un seul homm[e]
qu'auroit-il fait ? devoit-il s'abandonne[r]
à la douleur ? pouvoit-il se jetter dan[s]
les plaisirs ? il falloit bien qu'il rappel-
lât sa chere Philosophie, & qu'il se con-
solât avec elle. Il en fait l'éloge, & par[ce]
ce que c'est *l'étude de la sagesse & l[a]*
connoissance des choses divines & humai-
nes, il déclare que c'est ne pas sçavoir c[e]
qui mérite nôtre application que d'e[n]
négliger l'étude. Il avouë qu'on pourr[a]
l'accuser d'inconstance, ou de n'être pas
d'accord avec lui-même, lorsqu'on verr[a]
que d'une part il ne tient rien pour certain ; & que de l'autre il donne des préceptes pour la vie civile : mais il préten[d]
parer ce coup en disant, que puisqu'i[l]
reconnoît divers degrez de probabilité[z]
dans les choses, il peut s'attacher à ce
qui lui paroît le plus probable.

Ce sont donc des probabilitez qu'il dé-
bite à son fils. Mais si son fils d'un to[n]
modeste & respectueux lui avoit dit : Mon

je ne prétens pas être plus habile
que vous, & j'imite autant qu'il m'est
possible, vôtre modération : Vous n'êtes
affirmatif sur quoique ce soit : Rien ne
vous paroît certain, vous suivez seulement ce qui vous paroît le plus probable. Je m'en tiens à cette régle ; Mais ce
qui vous paroît probable ne me le paroît pas : ou je trouve qu'il l'est beaucoup
plus de suivre tous les mouvemens de la
nature, & de se donner autant de plaisir qu'on le peut ; J'ay de bonnes raisons pour vous montrer la probabilité de
mon sentiment : Qu'auroit répondu Ciceron ? Je soûtiens qu'il auroit été obligé
de céder à son fils. Car dés-là qu'on ne
reconnoît point une lumiére qui par l'é-
vidence des véritez qu'elle renferme,
nous force à consentir ; rien n'est si probable, rien n'est si vray-semblable, rien
n'est si plausible que tout ce qu'on peut
dire en faveur des plaisirs sensibles & de
l'orgueil. D'où il s'ensuit que la maxime
de Ciceron n'est propre qu'à faire écli-
pser toute vertu. Mais c'est par cette raison que le monde s'en accommode. On
ne lui passeroit jamais son zéle pour la
Philosophie, s'il ne faisoit entendre que
ce n'est autre chose qu'un exercice de l'esprit qui voltige sur toutes sortes de ma-

tiéres , & qui n'en approfondit auc
On aime cet amas de vaines spéculat
qui n'influent point dans la pratique
qui laissent en droit de ne se condu
que par impression, ou de s'abandon
aux préjugez & à la coûtume : ainsi
Philosophie de Ciceron est la belle P
losophie , c'est la Philosophie de l'h
nête homme qui parle toûjours bien
toutes choses, & qui ne prend point
parti, ou qui n'a que des opinions do
il se dépoüille quand il lui plaît. C'e
chacun de nous à se juger soy-même
ce point. Heureux celui que la véri
éclaire & qui distingue la clarté de f
idées d'avec la confusion de ses sentime
malheur à ceux qui ne distinguent pas
vraye-semblance d'avec la vérité !

CHAPITRE XXI.

On ne peut apprendre de Ciceron la ma
niére de se faire aimer. Ses confusion
sur cette matiére. Imposture des h
mes. Vraye source de l'estime.

JE ne sçay si Ciceron s'en tenoit à l
probabilité, lorsque pour faire com
prendre à son fils , que c'est une chose

...le que d'être aimé des hommes, il lui
disoit, qu'il y a deux sortes de choses nécessaires pour la conservation de la vie
humaine : des choses inanimées, comme
... l'argent, & ce que la Terre produit:
...es choses animées qui ont leur activité
... leur appetit : qu'entre ces choses ani-
...es, il y en a qui n'ont point de raison,
...me les bœufs, les chevaux, les abeil-
...es & d'autres qui ont de la Raison,
...me les Dieux & les Hommes......que
...ous le travail des hommes il n'y auroit
... Médecine, ni Navigation, ni Agricul-
...ture, ni Moisson, ni Récolte, ni Maisons,
...i Aqueducs, ni Combats, ni Victoires,
...i Commerce, ni le reste qui est nécessaire
...our la conservation de la vie : & qu'il
n'y a point aussi de maux que ces mêmes
hommes ne puissent causer, comme Di-
cearque, ce fameux Péripatéticien l'a mon-
...ré. D'où il concluoit qu'une des parties
...e la vertu est de gagner le cœur des
hommes & de les mettre dans son parti.
Ce raisonnement sera probable tant qu'-
...n voudra : Il ne me paroît pas exact. Il
...t vray que n'y ayant personne qui ne
...uisse faire du bien ou du mal à son voi-
...in : c'est une raison pour travailler à se
...aire aimer de tous : mais on ne peut
...oire sans se tromper que c'est par l'a-

mour que les hommes ont les uns p[our]
les autres qu'ils s'appliquent à la Na[vi]-
gation, à l'Agriculture, à la Médeci[ne].
Chacun agit en cela par l'amour qu'il[s]
porte à soy-même. Le Créateur a mis d[if]-
férentes dispositions dans les homm[es].
Cela suffit pour faire contribuer chac[un]
de nous selon sa mesure au bien de [la]
société. Chacun trouve par là ce qui [est]
nécessaire pour sa propre conservatio[n],
& sur ce fondement je puis assurer q[ue]
bien que je ne fusse aimé ni de m[on]
Médecin, ni de mon Jardinier, ils [ne]
laisseroient pas de faire pour moy ce qu'[ils]
font pour les autres, moyennant les r[e]-
compenses ordinaires.

Mais disons avec Ciceron que nô[tre]
vertu & nôtre sagesse excite les autr[es]
hommes à nous préparer tout ce qu[i]
nous est commode, dirons-nous avec
lui comme une chose qu'on ne s'avis[e]
pas de contester, que la fortune a bea[u]-
coup de pouvoir sur les choses humaine[s]
& que c'est *de son bon ou mauvais souff[le]*
que dépend le bonheur ou le malheur d[e]
chacun de nous? La fortune n'avoit qu[e]
faire là, puisqu'il ne s'agissoit que d[u]
besoin que les hommes ont les uns de[s]
autres: mais puisqu'il vouloit la mettr[e]
en jeu il devoit déterminer ce qu'il en[-]
tendoit

…bît par ce grand mot. C'eſt un mot
…tout confus & équivoque qu'il eſt,
…comme fort clair & fort intelligi-
…& par là les hommes non-ſeulement
…neurent dans l'ignorance de l'ordre
…la nature ; mais encore attribuent tous
…effets dont ils ne voyent pas la cauſe
…ne puiſſance aveugle, à une *Fortune*
…chimére de leur eſprit. Car quand
…ne on changeroit ce mot en celui de
…*vidence*, que peut ſervir ce change-
…ent ſi l'on ne donne la notion qu'il faut
…voir de la Providence, ſi l'on ne mon-
…tre la cauſe réelle & poſitive de tous les
…changemens qui arrivent dans le monde,
…action continuelle du Créateur, la ré-
…gle ordinaire de ſa conduite, les rapports
…que les événemens ont entr'eux ? Fait-on
…en cela plus que Ciceron n'a fait ? Quel-
…le différence y a-t'il donc de dire *Fortu-*
…*ou Providence* à des hommes qui ne
…croyent rien de réel que ce qui tombe
…ſous leurs ſens ? Il leur reſtera toûjours
…un fonds de Paganiſme qui eſt l'origi-
…ne de la ſuperſtition & de tout le faux
…

…Le Philoſophe ne jugeoit pas à propos
…que pour ſe faire aimer on employât les
…préſens, & il pouvoit encore moins ſouf-
…qu'on ſongeât à ſe faire craindre. Ib

se fondoit sur Ennius qui disoit, *q*
voudroit voir périr celui qu'on hait ;
qu'on hait toûjours celui qu'on craint
joûtant, *que la crainte est une mauva*
gardienne de la puissance.

Denis, par exemple, étoit craint ; ma
il craignoit beaucoup lui-même , pui
qu'il n'osoit confier sa tête à un Barbie
Cet Alexandre qui aimoit tant sa femm
ne se fioit pas à elle, parce qu'il sçavo
qu'elle le craignoit. Phalaris fut attaqu
de la multitude, parce qu'il s'étoit tro
fait craindre. Par la même raison on aban
donna Demetrius pour se donner à Pyr
rhus , & les Lacedémoniens perdire
leurs alliez, Rome elle-même perdit le
» siens : » Elle fut florissante pendant qu
» elle se montra plûtôt l'azile des mal
» heureux que la maîtresse du monde
» mais sa majesté s'éclipsa au momen
» que les cruantez de Sylla prévaluren
» & qu'on aima mieux se faire craindr
» que se faire aimer.

Tout cela est amusant : mais tout cel
ne méne à rien. Posons pour princip
qu'il faut se faire aimer des homme
pour en tirer certains secours ; & que
pour s'en faire aimer il faut avoir de l
vertu : c'est jusqu'où l'équité peut aller
en faveur de Ciceron. Sur ce principe ne

n'est-il pas découvrir à un jeune homme
la route du cœur humain, ces addresses
véritables par lesquelles on fait entendre aux autres qu'on les estime plus que
soy-même, & que c'est d'eux qu'on reçoit, dans le tems qu'on leur fait le plus
de bien? Ce sont des condescendances
qu'il faut joindre à l'amour de la justice
dans le commerce du monde. Par là on
se fait *tout à tous*. Mais on en sera toûjours bien loin en imitant Ciceron, ou
en suivant ses leçons.

Ceux qui sont les plus amoureux d'eux-
mêmes veulent en cela imiter les justes :
ils ont provision de paroles obligeantes,
on leur voit un air soûmis & caressant;
ils sont modestes quand on les loüe. Par
là ils surprennent la bien-veillance des
autres. Mais un peu de mépris les a bien-
tôt déconcertez, leur modestie tombe
bien-tôt quand on les blâme, ou qu'on ne
répond pas à leur dessein, ils découvrent
là ce qu'ils sont. L'homme en est là par sa
corruption naturelle. Dans tout ce qu'il
fait il ne regarde que lui-même. On ne
s'attache les uns aux autres que parce que
l'an prétend prendre l'autre pour dupe.
Chacun sent en soy les mouvemens de
l'ambition, de l'envie, de l'orgueil. Chacun juge des autres par soy-même. On

K ij

trouve donc par tout des orgueilleux
des rivaux, des ennemis de sa prospérité. On ne peut pas aimer de tels gens,
& ne les aimant pas, on ne peut s'en faire aimer. On a pourtant besoin de leur
secours pour ne pas toûjours demeurer
en arriere. Il faut donc faire semblant
qu'on les aime, & pour cela leur faire entendre par des maniéres qu'on ne préten-
point leur prendre le pas, ou les devan-
cer dans la recherche des biens qu'ils désirent. Ainsi, ce qu'on appelle dans le
monde le talent de se faire aimer n'est
qu'une imposture perpetuelle.

Bannissons s'il se peut l'équivoque.
Pour se faire aimer il faut se rendre aimable, & dans la vérité on ne se rend
aimable que lorsqu'on se dépoüille de
soy-même, & qu'on ne traverse personne. Ce n'est que de-là que se tirent les
maniéres véritablement obligeantes &
desinterressées que les hommes demandent de nous. Mais cette disposition suppose la connoissance & l'amour des vrais
Biens, & ne permet pas qu'on se propose l'amour des hommes. Comme on ne
les aime que pour le Ciel, on ne veut
aussi être aimé d'eux que pour le Ciel.
On compte pour rien ce qu'il y a en eux
d'affection humaine : c'est ce que ceux

parlent aprés Ciceron n'entendent
Ils mettent le Ciel à part; & ils de-
dent l'affection des hommes, parce
ce sont les hommes qui distribuent
honneurs & les emplois où l'on ac-
iert les richesses qui font joüir des
isirs. Voilà leur but. Et pour de pures
postures, ils obtiennent de la fumée.
ceron qui n'avoit pas d'autres biens
ceux du monde à espérer ne l'enten-
it pas trop mal. Mais dans nos vûës &
ns nos principes pouvons-nous marcher
ur ces traces, comme si les moyens d'acquerir les biens passagers pouvoient n'a-
oir rien de commun avec les moyens
acquerir les biens éternels.

On dira peut-être que Ciceron voulant
que ce soit par la vertu qu'on gagne l'af-
ction des hommes, il n'est point con-
ire à ce que je dis. Mais outre que de
proposer l'affection des hommes sans
pport à Dieu, c'est un aveuglement,
ay assez fait voir que la vertu de ce Payen
est qu'un beau nom qu'il donne aux o-
ations secrétes des plus dangereuses
ssions.

CHAPITRE XXII.

Vanité de la gloire que Ciceron propof
Elle est opposée à la justice. Illufion
qu'on se fait à cet égard.

APrés l'Utile, vient la Gloire. L
moyens que Ciceron donne po
l'acquerir font de fe faire aimer de
multitude, de s'en attirer la confianc
de s'en faire admirer. *Celui , dit-il, q*
fçait s'attirer la réputation de libéral ,
bien-faifant , de jufte, de fidéle , d'h
main, fe fait aimer. On s'attire la co
fiance quand on paffe pour unir en foy
Prudence & la Juftice, parce qu'il eft n
turel de fe repofer fur ceux qui font l
plus prudens & les plus éclairez. Et l'
fe fait admirer lorfque l'on fait paroît
une vertu éminente, lorfqu'on s'éléve
deffus de tout ce qui charme ou effr
le commun des hommes, comme le pl
fir & la douleur, la vie & la mort, l
richeffes & la pauvreté. Mais princip
lement lorfqu'on ne s'écarte point de
juftice, puifqu'elle renferme toutes les a
tres vertus.

Afin qu'on pût faire quelque fond f

... que Ciceron dit ici, il faudroit qu'il eût été mis à l'épreuve. Y avoit-il été mis ? S'étoit-il rendu malheureux pour l'amour de la juſtice ? On ſçait aſſez qu'il diſcouroit à ſon aiſe. Mais quand même il auroit paſſé par toutes ſortes de tourmens, auroit-il connu autre choſe ſinon qu'il ſouffroit pour la chimére de gloire & d'immortalité qu'il s'étoit formée ?

Je ne ſçay s'il y auroit bien des gens qui pour un tel objet vouluſſent renoncer aux plaiſirs, & s'expoſer aux douleurs ; mais il me ſemble qu'un homme ſage aimera mieux ſe paſſer de l'admiration des hommes, que de mourir dans la miſére. Peut-être que Ciceron ſuppoſoit que ſon Sage s'étoit rendu par ſa vertu, inſenſible à la douleur & au plaiſir. Mais en ce cas il étoit patient à peu de frais, & il n'y avoit guéres lieu de l'admirer dans ſa patience. Je ne croi pas qu'on s'imagine qu'un homme en ſe mettant au deſſus des autres hommes ſe mette au deſſus des adverſitez. Ainſi, la gloire que Ciceron propoſe, pourra bien manquer de fondement.

Si l'on ne paſſe, dit-il, pour amateur de la juſtice, on ne trouve pas d'amis avec leſquels on puiſſe s'entretenir, & le

Solitaire lui-même se trouve accablé d'e[n]
nemis. Cette vertu est nécessaire à tou[t]
sortes de personnes, aux Marchands, [&]
même aux voleurs. De sorte qu'un Ch[ef]
de Pyrates joüë à se faire tuer par [ses]
compagnons, s'il ne partage également [le]
butin. Il donne pour exemples *Bargul[i]*
& *Viriatus*, qui pour avoir fait des pa[r]
tages égaux avec les voleurs de leur pa[r]
ti, s'éleverent à une puiſſance formid[a]
ble. En un mot, ſelon Ciceron, les Lo[ix]
ne ſont faites, & les Rois n'ont été éta[a]
blis que pour maintenir la juſtice. Ma[is]
ſelon lui auſſi, la fin de cette vertu c'e[ſt]
de nous faire admirer.

Ce principe par lequel un homme pr[é]
tend ſe rendre l'objet des admiration[s]
des autres hommes, eſt-il fondé dan[s]
la lumiére naturelle? Ne découvre-t'o[n]
point plûtôt dans cette lumiére qu[e]
l'homme n'ayant de lui-même ni mou[-]
vement, ni connoiſſance, comme il e[ſt]
aiſé de le démontrer, il doit tout ra[p]
porter à ſon Auteur? N'y découvre-t'o[n]
point que cet Auteur ne connoiſſant rie[n]
de plus grand ni de plus parfait que lu[i-]
même, ne nous a faits que pour lu[i-]
même, & exige par le droit naturel d[e]
Créateur tous les mouvemens de no[s]
cœurs, & tous les jugemens de nôtr[e]
esprit

Esprit ? D'où il s'enfuit que de nous tourner vers nous-mêmes, ou de prétendre y tourner les autres, & d'être à foi-même fa fin & fon objet, c'eft réfifter aux deffeins de celui dont nous tenons l'être ; c'eft s'élever au deffus de lui, c'eft commettre le plus hardi de tous les attentats.

On prétend dans tout ce qu'on tire de Ciceron, n'avoir en veuë que de faire aimer la juftice ; & que fi on propofe les recompenfes extérieures de la vertu, c'eft pour y exciter les hommes qui font fenfibles à ces récompenfes. Mais le premier pas de la juftice n'eft-ce pas de reconnoître nôtre dépendance, & les droits du Créateur ? Où eft la vertu de celuy dont l'amour propre eft le principe, le motif & la fin de toutes fes actions ? Où eft la juftice de celuy qui ne renvoye pas toute la gloire à celuy qui eft le feul à qui appartient la gloire ? Et comment un de nos Modernes a-t'il pû faire ce difcours. » Il y a eu des Peuples entiers « qui fouffroient la pauvreté, la douleur, « & la mort même, plûtôt que d'abandonner leurs devoirs. C'eft la rareté de « cette trempe d'ame, qui fait qu'elle « donne de l'admiration. «

Si cet Auteur avoit bien voulu nous

marquer ces Peuples & les circonftanc[e]
de leur Sacrifice, leur fin & leurs motif[s]
je fuis fûr qu'on y reconnoîtroit plus d[e]
fureur, que d'amour de la juftice. C'e[ft]
non feulement une chofe rare que cet[te]
trempe d'ame qui fait préférer la jufti[ce]
à la vie, c'eft une chofe qui ne fut jama[is]
dans ceux qui n'ont pas receu la foi. O[n]
ne peut trop admirer la puiffance qui op[e]
re en nous cette difpofition : mais on n[e]
peut trop déplorer l'erreur de ces infe[n]
fez, qui s'imaginoient n'aimer que [la]
juftice, pendant qu'ils n'agiffoient qu[e]
par un faux honneur, par coûtume, e[n]
vûë d'une gloire chimérique.

Ce n'eft pas à des Chrétiens qu'il fa[ut]
parler le langage de Ciceron. Il faut le[ur]
propofer leur néant, leur indignité[,]
leurs ténébres, leur impuiffance, & cell[e]
du refte des créatures; il faut leur me[t]
tre devant les yeux les abîmes où l'hom[m]
me fe précipite par lui-même, la néceff[i]
té de fe foûmettre aux loix du Créateu[r,]
la vanité des objets fenfibles. Sans ce[la]
on ne les inftruit pas, on les éblouit p[ar]
les mots éclatans de *magnanimité*, d[e]
juftice, de *gloire* ; on attire fur eux le[s]
derniers malheurs,

CHAPITRE XXIII.

*Poison caché sous les belles expressions
de Ciceron. La vraye gloire suppose
le renoncement à soi-même.*

QUand Ciceron excite son fils à acquerir de la gloire, il ne prétend
pas que ce soit par une vaine ostentation, ni par des dehors afféctez. *La véritable gloire*, dit-il, *jette de profondes
racines, & s'augmente de plus en plus.
Mais tout ce qui est feint & dissimulé,
tombe bien-tôt comme une fleur desséchée.*
Le fondement qu'il donne à la véritable
gloire, c'est, selon la pensée de Socrate, d'être tels que nous voulons qu'on
nous estime. » Un jeune homme, dit- «
il, dont le pere a une grande réputa- «
tion, se trouve dans des engagemens «
particuliers à suivre cette maxime, par- «
ce que tout le monde a les yeux sur lui. «
Il faut donc que ce jeune homme soit «
modeste, qu'il soit plein de tendresse «
& de respect pour ses parens ; qu'il soit «
tout à ses amis & à ses proches ; qu'il «
s'attache à des hommes dont le mérite «
soit connu, dautant que cela fait juger «

„ qu'un jour il leur ressemblera.

Ces hommes de mérite sont les excellens Orateurs qui travaillent pour le
bien public. De sorte que l'éloquence,
selon Ciceron, ouvre le chemin de la
„ gloire. L'éloquence du Barreau est la
„ plus considérable ; mais un air de poli-
„ tesse joint à un discours aisé, produit
„ aussi de grands effets. Voyez les lettres
„ de Philippe à Alexandre, d'Antipater
„ à Cassander, & d'Antigonus à Philippe.
„ Cès trois hommes ne recommandent-
„ ils pas à leurs fils de gagner la multi-
„ tude par des discours obligeans, & les
„ soldats par des paroles caressantes ?
„ Mais aprés tout, c'est l'éloquence du
„ Barreau qui l'emporte. Elle fait plus que
„ toute autre chose admirer un jeune
„ homme, lors qu'il y sçait faire un doux
„ mélange de la modestie & de la gra-
„ vité. Elle a plus d'éclat lors qu'on s'en
„ sert pour défendre, que lors qu'elle est
„ employée pour accuser. On peut néan-
„ moins se rendre récommandable dans
„ l'un & dans l'autre genre, pourvû qu'on
„ n'accuse jamais les innocens. Car qu'y
„ a-t'il de plus inhumain que d'employer
„ un Art donné pour la conservation des
„ hommes, à perdre les gens de bien ?

Voilà où se réduit tout le rafinement

de la vanité de Ciceron. Il demande pour
la véritable gloire, qu'on en ait les principes gravez dans le cœur. Mais ce cœur
ſi rempli, ſi pénétré demande pour ré-
compenſe de ce qu'il eſt, l'eſtime &
l'applaudiſſement des hommes, il viſe
toûjous à ſon but : il tend à ſe faire admirer. Ciceron n'a donc rien fait pour
ſon Syſtême en ſe ſervant de ces belles
expreſſions, dont tant de gens ſont charmez. On s'y trompe, parce qu'elles réveillent véritablement les ſentimens de
la vraye gloire, qui conſiſte à porter
dans ſon cœur le deſir de plaire à Dieu
ſeul, & à n'agir jamais que par ce principe. Mais qu'on ſuive de prés Ciceron,
on ne s'y trompera plus.

Certainement il n'eſt pas difficile de
perſuader aux hommes qu'il eſt beau
d'acquerir de la gloire, de ſe faire aimer,
de ſe faire admirer. La concupiſcence ne
nous porte pas moins à ce qui donne de
l'éclat, qu'à la joüiſſance des plaiſirs ; &
on entre toûjours volontiers dans les
voyes que le monde a ouvertes pour ces
deux fins. Mais ce qui eſt important, ce
qui eſt eſſentiel, ce qui ſeul peut produire une vie reglée & bien faiſante,
toûjours noble & toûjous humble, c'eſt
la connoiſſance de nôtre état, celle de

la puiſſance qui agit en nous, qui nous
éclaire & nous conduit, celle de la main
qui régle le mouvement de tous les
corps, qui diſtribuë les douleurs & les
plaiſirs. Quand un homme a acquis ces
connoiſſances par principe, & ſelon l'en-
chainement qu'elles ont entr'elles, il eſt
au point de vûë d'où il doit enviſager
l'ordre de ſes devoirs ; il les découvre
ſans peine, & il a les plus puiſſans motifs de les remplir. Mais ſi ces connoiſſances ne précedent pas, que peut-il regarder que lui-même dans tout le bien
qu'il ſe propoſe : Que peut-il aimer que
l'éclat, les applaudiſſemens, & la ſatisfaction de ſe dire à luy-même : *Je ſuis*
au deſſus de tout le reſte des hommes ?
Sont-ce là les diſpoſitions qu'on veut
mettre dans les Chrétiens ?

Il faut que les leçons de grandeur qu'on
fait à un jeune homme, renferment celles d'humilité ; autrement on le guinde,
& on éleve ſon orgueil de plus en plus. Il
faut donc lors qu'on luy parle de gloire,
l'incliner au renoncement à ſoi-même.
Pourroit-on, aprés lui avoir fait aimer
la grandeur, l'établir dans l'humilité ?
Et aprés luy avoir fait connoître ſon
néant, oſeroit-on bien lui faire valoir ce
qu'on appelle *Grandeur humaine ?* Il ne

faut rien diffimuler. Comme Ciceron ne
vouloit infpirer à fon fils qu'une vertu
Payenne ; c'eft-à-dire, un fond de com-
plaifance en lui-même couvert de beaux
dehors ; de même par l'ufage de fes maximes, on ne fera jamais que des Payens
tachez fous quelques marques extérieures de Religion.

CHAPITRE XXIV.

Tout ce que Ciceron dit de plus appa-
rent, fuppofe en nous la connoiffance
de nous-mêmes. Tout fuit de cette
connoiffance, & fans elle on n'a que
des dehors trompeurs.

Ciceron ayant fait entrer l'humeur
bien-faifante & la libéralité dans
ce qui attire l'admiration des hommes,
il traitte fort au long de cette vertu.
Voici à quoi fe réduit ce qu'il en dit.
Il eftime la Libéralité qui ouvre la «
bourfe d'un homme riche à ceux qui «
ont befoin d'être fecourus ; mais il efti- «
me davantage celle qui nous fait em- «
ployer pour eux nôtre crédit & nôtre «
induftrie, parce qu'elle ne fort pas d'un «
coffre, mais d'un fond de vertu, & «

L iiij

„ que la source n'en tarit point. A c
„ sujet il Ioüe Philippe qui blâmoit Ale
„ xandre de vouloir gagner les Macédo
„ niens à force de leur donner de l'ar
„ gent ? & il fait une invective contr
„ ceux qui par la passion de donner con
„ sument tout leur bien, ravissent celu
„ des autres pour continuer leurs libéra
„ litez, & se font ainsi plus d'ennemi
„ par leurs rapines, que d'amis par leur
„ bienfaits. D'où il conclut que nous de
„ vons être modérez dans nos largesses
„ en faire quand il s'agit de délivrer de
„ Captifs, de payer les dettes de nos
„ amis, de marier leurs filles, ou de leur
„ rendre quelque autre bon office : mais
„ non pas nous piquer de faire des dé
„ penses extraordinaires en festins, en
„ spectacles, en jeux, en équipages de
„ chasse, toutes choses dont le Public n'a
„ pas grande réconnoissance ; c'est-à-dire
„ en un mot, qu'il faut être libéral, mais
„ qu'il ne faut pas être prodigue ; qu'il
„ faut donner quelque chose aux inclina-
„ tions du Peuple, pour ne se pas faire
„ soupçonner d'avarice : mais que la ré-
„ gle de nos largesses doit être la néces-
„ sité ou l'utilité publique.... Il ajoûte,
„ qu'il est plus beau de parvenir aux plus
„ hautes dignitez sans faire des presens au

Peuple, que de s'y élever par ces moyens «
ordinaires ; & que la dépense doit avoir «
pour objet un bien durable : que la li- «
béralité regarde principalement les «
malheureux qui ne le sont pas par leur «
faute , & ceux qui tâchent à s'élever «
par leur mérite : mais qu'il faut bien «
prendre garde de s'y tromper, puisque «
selon la pensée d'Ennius, *les Bienfaits* »
mal placez sont censez de véritables «
maux. ... Il regarde l'exercice de cette «
vertu comme un moyen pour ne point «
mourir dans la mémoire des hommes ; «
& il prétend qu'elle s'éxerce non-seu- «
lement lors qu'on donne, mais encore «
lors qu'on céde de son droit, & qu'on «
évite les procez. L'hospitalité en doit «
être une suite, parce que par le moyen «
des hôtes on se rend recommandable «
parmi les étrangers. ... Revenant en- «
suite à cette espéce de Libéralité qu'on «
fait de son crédit , de son industrie , «
de son conseil, de ses lumiéres, il trou- «
ve qu'elle est plus utile à l'Etat que la «
premiére. Cela luy fait relever le mê- «
rite du droit, qui avant le malheur des «
temps étoit la science des Princes, d'où «
il revient à l'Eloquence sa favorite, par «
laquelle on défend ceux qui sont injus- «
tement opprimez , & qui attire l'ad- «

» miration des auditeurs. Il ne prétend
» pas néanmoins qu'en voulant par cet
» excellent Art nous rendre utiles aux
» uns, nous devenions nuisibles aux au-
» tres ; & il veut qu'on fasse des excuses
» à ceux qui se plaignent, quoy qu'on
» n'ait pû se dispenser de faire la chose
» dont ils se plaignent.... Il veut aussi
» qu'on préfere un honnête homme,
» quoy que pauvre, à un Riche ; parce
» que le pauvre ne pouvant rien rendre, a
» toûjours la reconnoissance que deman-
» de le Bienfait : au lieu que le Riche
» dans le sentiment de son crédit & de
» sa fortune, croit faire grace de rece-
» voir : parce qu'il s'imagine qu'on luy
» demande toûjours plus qu'on ne luy
» donne. Il rapporte à ce sujet ces belles
» paroles de Themistocles : *J'aime mieux*
» *pour ma fille un homme qui ait besoin*
» *d'argent, que de l'argent qui ait besoin*
» *d'un homme.* Enfin sa grande maxime
» est de ne faire jamais rien contre la
» justice, parce qu'elle est le fondement
» de la gloire. Il vient de là au désinte-
» ressement que doit faire paroître une
» personne publique, & à l'application
» qu'elle doit avoir à procurer le bien
» public, sans faire tort à personne.
» Quand, dit-il, des Magistrats sont

foubçonnez d'avarice, on ne trouve «
plus de difficulté à les furprendre : & «
un certain Samnite avoit raifon de fou- «
haiter de n'être né qu'au temps que les «
Romains commenceroient à prendre «
des prefens. Il pouvoit bien fe promet- «
tre de les empêcher d'être plus long- «
temps les Maîtres du monde. Cela le «
fait fouvenir de ce Paul, qui de toutes «
les richeffes des Macédoniens ne vou- «
lut rien retenir, & n'emporta dans fa «
maifon que la gloire d'avoir enrichi «
les Romains : de ce Scipion, qui aprés «
avoir renverfé Cartage, n'en devint pas «
plus riche : de ce Mummius, qui aprés «
avoir détruit une Ville puiffante, n'en «
voulut enrichir que l'Italie. C'eft un «
moyen affuré, dit-il, pour gagner le «
cœur de tout un Peuple : au lieu que «
l'avarice eft la fource de toutes fortes «
de maux, & le vice qui menace un Etat «
d'un entier renverfement. Les Loix «
Agraires & ces nouvelles Tables par «
lefquelles on remettoit un argent qui «
étoit dû, le foulevoient, dautant que «
par là on donnoit à l'un ce qui appar- «
tenoit à l'autre. Il fait fouvenir que les «
injuftices qui naiffent de là, firent chaf- «
fer l'Ephore Lyfander par les Lacedé- «
moniens, leur firent tuer le Roy Agis, «

» ce qui n'étoit jamais arrivé parmi eux,
» & causérent la perte des Gracques les
» petits - fils de l'Afriquain. Il se récrie
» beaucoup sur le mérite d'Aratus de
» Sicyone, qui aprés avoir chassé de sa
» Ville le Tyran Nicoclés, ne songea qu'à
» remettre un chacun en possession de ce
» qui luy appartenoit, & emprunta de
» Ptolomée de quoi récompenser ceux qui
» avoient été dépoüillez de leurs hérita-
» ges, ou dédommager ceux qui aprés
» avoir possedé long - temps ces mêmes
» héritages, étoient obligez de les ren-
» dre.

Si l'on n'avoit à parler aux hommes
que sur des actions extérieures, & que
les devoirs de la Religion ne fussent pas
liez avec ceux de la vie humaine, on
pourroit laisser passer tout ce qui précé-
de sans l'approfondir. Mais si l'on y prend
garde, quand on parle icy d'être libéral, désinteressé, bienfaisant, de suivre
l'ordre de la justice, c'est pour se faire
admirer, pour rendre son nom immor-
tel, pour se couvrir de gloire.

Cette disposition convient-elle à la
créature ? Je veux qu'on ne la regarde
que dans le courant de la vie civile &
selon *la Raison humaine.* Dépend-elle
moins dans ce courant de la Puissance

qui luy donne l'être, que dans la Religion ? Eſt-il permis dans ce courant de
ſe donner tout à ſoi-même ? La Raiſon
humaine permet-elle de travailler pour
enlever les cœurs, ou pour ſe faire admirer ? Nous ſçavons, dit-on, qu'il faut
tout rapporter à Dieu. C'eſt à nous à le
faire. J'avouë que de tout rapporter à
Dieu change tout. Mais c'eſt ce qu'on
dit, & ce qu'on ne fait pas. Pour tout
rapporter à Dieu, il faut être convaincu
du néant de la créature ; il faut voir clairement & ſentir vivement que tout dépend de Dieu ; il faut que les idées de
la Religion ſoient auſſi familiéres à l'eſprit, que le ſont ordinairement celles du
monde & de ſes vanitez. Mais peut-être
que la connoiſſance de la Religion ne
manque à perſonne , & qu'on pourroit
ignorer les maniéres de contenter l'orgueil ? On cherchera tous les détours
qu'on voudra, Ciceron ne parle que pour
l'orgueil ; & par conſéquent tout ce qu'il
dit de mieux, ſera abominable pendant
qu'on ne le fera pas dans un ſentiment
de dépendance, dans une ſoûmiſſion en-
tiére à la Providence éternelle, dans un
détachement parfait des choſes de la terre, dans le déſir unique de plaire à Dieu.
C'eſt de ces diſpoſitions qu'il n'y a qu'un

pas à faire aux actions les plus héroï-
ques ;   au lieu que des dehors éclatan
de Ciceron à ces dispositions, il y a une
distance qui effraye.

C'est donc aussi de ce qui peut servir
à produire ces dispositions que les hommes ont principalement besoin d'être
instruits. Par là on oppose des remords
aux injustices de la concupiscence ; &
l'Esprit éclairé dispose le cœur à se soûmettre aux impressions du Réparateur
qui le prévient : au lieu qu'aprés les
magnifiques discours du Paganisme on
suit sans inquiétude les mouvemens de
la nature , on tire tout son mérite de
l'orgueil, on demeure plein de soi-même , sans penser seulement qu'on puisse
se remplir d'autre chose que de soi-même ; on ne se reproche rien, parce qu'on
ne connoît rien , & que ce qu'on fait
paroît bon. Je ne sçai si l'on connoît des
dispositions plus funestes.

Ce qui peut imposer dans la Morale
des Payens , c'est que ceux qui suivant
ce qu'elle prescrit, ne font tort à personne , & gardent la bien-séance, con-
tribuënt au bien de la societé où l'on
n'a que faire de l'intérieur, pourvû que
les dehors soient réglez. Mais on se
trompe encore en cela. Les orgueilleux

& les ambitieux ne gardent des meſures qu'autant qu'en demande l'orgueil ; & ils nuiſent toûjours à la ſocieté par quelque endroit. Caton y nuiſit beaucoup par l'exemple de ſa roideur hors de ſaiſon. La juſtice extérieure ſuffit dans le commerce extérieur : mais ſi elle n'a pas le fondement qui lui eſt néceſſaire, elle ne ſe ſoûtient pas, & laiſſe toûjours faire l'orgueil, qui au fond eſt l'ennemi de la ſocieté. J'avouë que l'avarice, la violence, la débauche, ou le libertinage y cauſent des maux plus ſenſibles. Mais l'orgueil qui affecte la juſtice , n'exclut ni l'avarice, ni la violence, il en eſt le principe conſtant ; & quand elles n'écloſent pas, c'eſt par des raiſons qui portent toûjours coup. D'où il s'enſuit que la ſocieté même purement civile , ne peut faire fond ſur ceux que la Raiſon ne conduit qu'autant que l'orgueil y conſent.

CHAPITRE XXV.

Ciceron rabaisse les Sages sans y penser
Erreur touchant la Vertu
Chrétienne.

LE premier Scipion l'Afriquain diso[it]
autrefois, si l'on en croit Caton l[e]
Censeur, que *jamais il n'estoit moin[s]*
oisif que lors qu'il ne faisoit rien ; n[i]
moins seul que lors qu'il étoit dans la so-
litude. Ciceron auroit bien voulu dire la
même chose dans les mêmes circonstances : Mais le loisir de Scipion étoit vo-
lontaire, le sien étoit forcé. Scipion ne
cherchoit la solitude que pour se délasse[r]
l'esprit : Ciceron étoit obligé de la chercher parce que le Senat étoit renversé ; &[c]
que la violence ayant succedé à la justice,
on ne voïoit que des scelerats. Mais si Scipion avoit ces avantages, il reservoit aussi
pour luy les fruits de sa solitude & de
son loisir : ce que Ciceron ne prétend pas
faire. Il veut mettre par écrit ses pensées,
& les laisser à la postérité.

Enfin aprés avoir exhorté son fils à se
rendre un digne Disciple) de l'excellent
Maître Cratippus, aprés avoir fait une
Dissertation

Diſſertation ſur le deſſein de Panœtius qui avoit écrit de *l'honnête* & de *l'utile*, & qui ne s'étoit pas ſouvenu d'écrire de l'oppoſition que ces choſes ont ſouvent entr'elles , comme il l'avoit promis ; aprés avoir dit que Rufus comparoit l'ouvrage de ce Philoſophe à la Vénus qu'-Appellés laiſſa imparfaite , & dont le beau viſage ôtoit l'eſpérance aux autres Peintres d'achever ce qui reſtoit à faire , il reconnoît qu'il n'y a point d'honnêteté ni de juſtice *parfaite* parmi les hommes, & que les plus ſages ne ſçauroient atteindre qu'à une ſageſſe qu'il appelle *moyenne.*

Cela rabaiſſe étrangement ſes Scipions, ſes Lœlius , ſes Catons ; mais il a eu en cela plus de raiſon que ceux qui ont dit depuis, que *la vertu Chrétienne conduiroit infailliblement ceux qui la ſuivroient exactement , à ce dernier point de perfection , qui n'étoit qu'une belle idée parmi les Payens.*

La grace de Jeſus-Chriſt peut nous élever à toute la perfection dont nous ſommes capables , & nous faire ainſi mériter le ſouverain Bonheur. Mais la perfection du plus parfait Chrétien conſidérée en elle-même eſt défectueuſe , & il n'eſt parfait que par la diſpoſition de

M

son cœur. On ne peut aller au plus ha[ut]
point de perfection pendant qu'on [est]
environné d'infirmitez ; pendant qu['on]
n'a que des connoiſſances limitées. [Il]
n'y eut jamais qu'un Jeſus-Chriſt qui a[it]
pû être homme & parfait , juſte en [ri-]
gueur , parfaitement ſaint. Mais ſi nôt[re]
juſtice eſt néceſſairement imparfaite[,]
elle eſt pure par la dignité de ſon princ[i-]
pe , par l'excellence de ſa fin , par le déſi[n-]
téreſſement où elle nous met par rappo[rt]
aux choſes humaines.

La vertu Payenne non ſeulement n[e]
nous conduit pas à la perfection , ell[e]
nous en éloigne infiniment , comme j[e]
l'ai fait voir. La vertu Chrétienne nou[s]
en ouvre le chemin : mais elle ne nou[s]
y fait point parvenir durant la vie p[ré-]
ſente. Le corps s'y oppoſe. On n'y arriv[e]
que lors que cet empêchement eſt ôté[.]
La Perfection , la parfaite juſtice , ou l[a]
Charité parfaite eſt inſéparable du ſouverain Bonheur. L'un & l'autre ne ſe peu[-]
vent trouver que dans le Ciel.

Ciceron a dit qu'il n'y avoit point de
juſtice *parfaite* parmi les hommes , ſan[s]
en ſçavoir les raiſons : il jugeoit au ha-
zard ſur quelques ſentimens confus. Les
Chrétiens qui ont connu la corruptio[n]
de leur nature , toûjours inhérente ju[ſ-]

qu'à la mort, en pouvoient bien dire autant; mais toûjours prévenus en faveur des ſages Payens, ils aiment mieux donner à la juſtice Chrétienne une perfection qu'elle n'a pas, que d'ôter à ces prétendus Sages une juſtice *moyenne*. Ils ne mettent ainſi qu'une différence de plus au moins entre une juſtice profane & une juſtice ſainte ; ils font, comme il leur plaît, des degrez de vertu, & ils en corrompent la notion.

CHAPITRE XXVI.

Ciceron ne dit rien que d'inutile pour la ſocieté. Il confond mal-à-propos l'utile avec l'honnête. Eclairciſſement de ces matiéres.

Ciceron trouve que ſa Sageſſe, toute imparfaite qu'il la reconnoît, ne peut être ſéparée de *l'utile* ; & plein de ce ſentiment il poſe pour principe, que *d'ôter quelque choſe à un autre, & de tirer ſes commoditez des incommoditez d'autrui, eſt plus contraire à la nature que la pauvreté, que la douleur, que la mort.* La preuve qu'il en donne, c'eſt que par là on rompt la ſocieté, qui eſt la

chose du monde le plus selon la nature
„ C'est, dit-il, comme si un membre d
„ corps humain vouloit emporter la sa
„ té de tous les autres. Aussi n'est-ce pa
„ seulement la nature qui s'oppose à ce
„ la, toutes les Loix humaines s'y oppo
„ sent. Et comme la grandeur d'ame, l
„ Justice, la Libéralité sont bien plus se
„ lon la nature, que la volupté & les ri
„ chesses qu'il est d'un grand cœur de
„ mépriser ; il s'ensuit qu'un homme qu
„ suit les loix de la nature , ne pourr
„ jamais nuire à un autre, & qu'il préfe
„ rera les travaux d'Hercule à une vie
„ abondante , & à tous les plaisi s du
„ corps. C'est que nous sommes tous liez
„ par une même loy , laquelle obli-
„ geant l'homme à faire du bien à l hom-
„ me par cette seule raison qu'il est hom-
„ me , ne nous peut pas permettre de
„ nous nuire les uns aux autres. Ainsi
„ nous n'avons pas plus de droit de nui-
„ re aux étrangers & aux inconnus , qu'à
„ nos Concitoyens , qu'à nos proches
„ mêmes , & à nos parens. Un homme
„ quelque important qu'il soit, & dans
„ quelque nécessité qu'il se trouve , ne
„ doit pas ôter au plus inutile de tous
„ les hommes ce qui luy appartient, à
„ moins que ce ne soit précisément en

vûë du bien public. Les Tyrans en «
doivent être exceptez ; parce qu'étant «
semblables à des bêtes farouches sous «
la figure humaine, ils doivent être re- «
tranchez de la societé comme des mem- «
bres corrompus. «

Voilà le langage de Ciceron. *Il ne*
faut plus disputer, dit-il, *avec un hom-*
me qui prétendroit qu'il n'y a rien contre
la nature à faire tort aux autres : puis-
que de le prétendre c'est détruire l'hom-
me dans l'homme même. Voilà le langage ordinaire. *La nature enseigne. La*
nature défend. Il est contre la nature.
Ce grand mot explique tout & n'éclair-
cit rien. Chacun le prend dans le sens
qu'il luy plaît, & il est toûjours propre
à contenter le monde. On conviendra,
par exemple , qu'il est contre la nature
qu'un homme nuise à un autre homme :
mais on voudra que cet ordre change
quand il s'agira d'éviter la mort, la douleur, la pauvreté. Ces maux, dira-t'on,
sont trop contre la nature, pour ne les
pas éviter si l'on peut. Et si l'on replique
qu'il est moins contre la nature de les
souffrir, que de nuire à son voisin : on
répondra que le sentiment se déclare contre eux ; que la Loy qui unit les hommes,
cesse dans ce moment pour la conserva-

tion de l'espéce ; que la Raison se tait
alors sur ce qui regarde le voisin : & que
se taisant elle fait assez entendre qu'il
faut faire ce que le sentiment inspire.
Tout cela parce qu'on ne développe point
le mot de *nature* , & qu'on ne le fixe
point à telle ou telle idée.

Cicéron sentoit bien que le sentiment
le pressoit plus que la Raison : mais il
faisoit semblant de supprimer ce sentiment pour étaler une vertu démentie sans
cesse , & toûjours détruite par ce même
sentiment. C'est encore à present tout
ce qu'on remarque dans les Sages du
siécle. Il faut se convaincre autrement de
ses devoirs, si on veut en avoir un véritable amour. On peut , ce me semble,
les découvrir par cette voye.

Tous les hommes ont les mêmes idées
à certains égards. Ils sçavent tous, sans
l'avoir appris de personne, qu'il ne faut
point faire à un autre ce que nous ne
voulons pas qu'il nous fasse. C'est donc
par une lumiére commune que nous sommes éclairez sur ce devoir, duquel dépendent tous les autres. Pendant qu'ils
obéissent à cette lumiére , ils obéissent
à la nature, ou plûtôt à la raison. Car
il faut ôter l'équivoque : & ils pourroient
y obéïr toûjours , s'il ne se passoit en

eux-mêmes une infinité de fentimens qui s'y oppofent , mais qui ne diminuent rien de l'obligation où nous fommes de fuivre la lumiére qui marche devant nous. Cela étant de foi-même fort évident, il n'en faut pas davantage pour venir à la connoiffance de l'homme. Car 1. on reconnoît qu'il y a des véritez & des devoirs que rien ne peut changer. 2. Que la nature eft corrompuë , puifque la plus grande marque de déréglement qui puiffe être dans l'homme , c'eft cette oppofition continuelle de fes fentimens à fa raifon. 3. Que nous ne pouvons pas par nous - mêmes fuivre la raifon en toutes chofes : puifque les fentimens qui s'oppofent à elle , ont infiniment plus de rapport qu'elle n'en a, au penchant ou à l'amour invincible que nous avons pour le plaifir.

L'homme eft donc alors obligé à fe reconnoître tel qu'il eft. L'efprit convaincu ne trouve plus où fe prendre pour oppofer de nouveaux raifonnemens. Les équivoques luy manquent. Il faut qu'il céde & qu'il reconnoiffe l'excellence de la lumiére qui luy découvre les loix de la juftice. Il fent fon impuiffance , & il entre ainfi dans les fentimens que demande la Religion : au lieu que le langage

de Ciceron non seulement donne lieu
des disputes éternelles ; mais encore je
te les hommes dans le désespoir, par
que n'étant pas instruits d'ailleurs de le
état, ni du remede qui leur est prépar
ils jugent qu'on leur demande plus qu'i
ne peuvent faire. D'où il arrive qu'on
regarde plus la vertu, que comme u
beau nom qui ne signifie rien, dont o
ne se sert que par ostentation, & po
couvrir des inclinations toutes corrom
puës.

Ciceron dit, & on le croit assez sur
parole, que c'est de la division qu'on
faite de *l'honnête* & de *l'utile*, que vien
nent tous les desordres dont le mond
est rempli, les meurtres, les empoison
nemens, les larcins ; &c. Mais si on di
tinguoit l'ame d'avec le corps, on n'au
roit pas ce sentiment. En ne comprenan
sous le mot *d'utile* que ce qui convien
à l'ame, on conviendroit que ce qui e
utile est *honnête*, ou que ces deux mo
sont synonimes ; & en ne donnant à c
mot *d'utile* que sa signification ordina
re, qui est de signifier les biens du corp
comme celle du mot *d'honnête* est de si
gnifier les biens de l'ame, on seroit ob
ligé à faire grace à ceux qui séparen
l'utile d'avec *l'honnête* ; puis que bien
loin

loin que cette division mette le desordre dans la vie ; au contraire , c'est parce qu'on ne la fait pas que tout est en confusion. Si les uns disent que *l'honnê*-*te* est toûjours *utile* , les autres veulent que *l'utile* soit toûjours *honnête* : & pendant que ceux-ci se corrompent de plus en plus par l'amour de *l'utile* , ceux-là se rendent doublement malheureux par leur *honnête* prétendu.

L'homme par la Raison est appellé à *l'honnête* , c'est-àdire , à l'observation de toutes les Loix de la justice. Par ses sens, ou par les sentimens qu'il reçoit à la présence des objets, il est appellé à *l'utile* , c'est-à-dire, à tout ce qui flatte le corps ou les passions. Voilà ce qui s'appelle le combat des deux parties *inférieure* & *supérieure* , chacune travaille pour la substance qui lui est propre, mais l'une bien plus efficacement que l'autre : *l'inférieure* fournissant toûjours de nouveaux plaisirs , non-seulement fait mépriser la *supérieure* , dont on ne reçoit que des sécheresses , mais encore fait juger qu'il n'y a d'*honnête* ou de réel que ce qui est *utile* : c'est-à-dire, que ce qui accommode le corps est la seule chose que nous devons rechercher. Erreur où le vulgaire est plongé , & à laquelle on ne trouve-

N

ra jamais de reméde dans les Offices
Ciceron.

On est pourtant content de voir qu
ne veut pas qu'on balance entre *l'utile*
l'honnête, & qu'il veut non-seuleme
qu'on regarde comme *utile*, ce qui
honnête; ou qu'on se souvienne que
honte d'abandonner l'*honnête* est le pl
grand châtiment qu'on puisse concevo
mais encore que nous nous comportior
lorsque nous n'avons point de témoi
de nos actions, comme si nous étion:
la veuë de tous les hommes; & quai
même nous aurions l'anneau de Gyg
par le moyen duquel on pouvoit fai
toutes sortes de crimes sans être vû
personne, nous nous donnions bien ga
de de nous en servir.

Mais si on lui avoit objecté qu'il n'y
rien de juste par soy-même; que le *ju*
& l'*injuste*, le *vray* & le *faux*, l'*honn*
te & le *deshonnête*, ne sont que des ir
ventions de l'esprit humain; & qu'ain
les hommes n'étant convenus à cet égar
que pour l'utilité commune, chacun pe
faire comme bon lui semble pour so
utilité particuliere, pourvû qu'il ne so
pas exposé à la vûë des contractans, qu'a
roit répondu Ciceron?

On voit bien que pour convaincre l'e

prit, il faut le ramener, comme j'ay fait
voir, à certaines véritez, qui ſont le
ſeul point où il peut être fixé. On lui
fait remarquer que puiſque nous voyons
que ces véritez ſont apperçûës de tous
les eſprits dans tous les tems & de la
même maniére ; que puiſqu'elles étoient
avant nous & qu'elles ſeront aprés nous ;
que puiſque nous ne pouvons pas ne les
point voir, nous n'avons aucune raiſon
de douter qu'elles ne ſoient invariables
& éternelles, la régle de tous les eſprits,
la régle de l'Auteur même de la Nature,
& qu'ainſi c'eſt rompre le lien, par lequel ſeul nous pouvons être unis entre
nous & avec notre Auteur, que de ne
pas régler nos actions ſur ces mêmes véritez.

Or ces véritez ſe réduiſent toutes à nous
faire aimer chaque choſe ſuivant le dégré de perfection qu'elle a : & de-là il
s'enſuit que l'ame étant une ſubſtance
plus parfaite que le corps, nous ſommes
indiſpenſablement obligez de préférer
l'honnête à *l'utile*, puiſque *l'honnête* regarde l'ame, & que *l'utile* ne regarde
que le corps, pour la ſimple conſervation
duquel on eſt en droit de rechercher *l'u-*
tile.

On nous dit que Ciceron *employe ton-*

tes les forces de son esprit & de son élo-
quence pour détromper ceux qui recher-
chent l'utile *préférablement à* l'honnête.

On vient de voir que Cicèron ave
toute son éloquence & avec tout son e
prit n'avoit point de notion distincte d
l'honnête, & que c'étoit lui-même qu'i
recherchoit sous prétexte de recherche
l'honnête. Qu'importe que ce fût en fai
sant le grand cœur, ou en cherchant sans
détour ce que recherche le vulgaire? Af
sûrément il n'étoit pas moins loin de la
perfection que le reste des hommes,
puisqu'il n'étoit pas moins corrompu; &
c'est de lui, un peu plus que des autres,
qu'il est écrit que *l'homme n'a pas connu*
ses avantages, qu'il s'est dégradé en se
rendant semblable, par rapport à Dieu,
aux animaux sans raison.

CHAPITRE XXVII.

Dans les vûës de Ciceron on doit plûtôt
rechercher l'utile que l'honnête. Inu-
tilité des raisonnemens sans les princi-
pes de la Religion.

POur établir de plus en plus ce principe, que *l'utile* ne peut être séparé

de l'honnête, Ciceron paſſe en revûë les Grecs & les Romains pour nous découvrir la nature de leurs plus éclatantes actions. Il approuve l'action de Brutus, qui fit dépoüiller du Conſulat ſon Collégue Collatinus, dautant qu'il étoit de la famille du Tyran qu'on venoit de chaſſer : il blâme reſpectueuſement Romulus qui tua ſon frere, afin que Rome n'eût pas deux Maîtres : il admire Damon & Pythias ces deux amis fidéles, dont l'un vouloit mourir pour l'autre, & qui par cette mutuelle généroſité forcerent le Tyran Denis à les aimer. Il blâme les Romains d'avoir pillé Corinthe , & les Athéniens d'avoir fait couper les pouces à ceux d'Ægine , parce qu'ils auroient pû avec leur flotte approcher du Port de Pirée. Il y a, dit-il, quelque choſe de dur & de cruel dans ces procédez, & ce qui eſt cruel n'eſt point *honnête.* Par la même raiſon, il ne vouloit point qu'on empêchât les étrangers de demeurer à Rome : & il loüe les Romains & les Athéniens , les premiers de ce qu'aprés la bataille de Cannes ils ne parurent point deſirer la paix ; & les autres de ce qu'ils lapidérent un certain perſonnage qui leur conſeilloit de ſe ſoûmettre à Xerxés dont ils étoient accablez. Cela s'appelle , dit-

il, compter l'utilité pour rien lorſq
l'honneur s'y oppoſe. Il ſouhaitoit au
que les Romains qui étoient déchûs ju
qu'à ce point, que d'exempter les Pyra
pendant qu'ils ſurchargeoient d'impô
leurs Alliez , imitaſſent les Athénien
qui rejetterent le conſeil de Thémiſtocle
lorſqu'il leur conſeilla de brûler la Flo
te des Lacédémoniens que leurs richeſ
ſes rendoient ſuſpeɛts à Athénes.

De-là il introduit un certain Diogén
de Babylone fameux Stoïcien & Antip
ter ſon Diſciple. On leur demande
pluſieurs Marchands faiſant tranſport
d'Alexandrie du bled à Rhodes , où
diſette ſeroit grande , l'un d'entr'eux q
ſeroit arrivé le premier, auroit droit
mettre à ſon bled un prix proportionné
la diſette , & de ne pas dire que plu
ſieurs autres Marchands doivent ince
ſamment ramener l'abondance. Antip
ter prétend que le Vendeur doit déclar
à l'acheteur tout ce qu'il ſçait touchan
la Marchandiſe dont il s'agit. Diogén
dit, que le Vendeur n'eſt obligé d'avo
égard qu'à ce qui eſt réglé par la Lo
civile, & qu'il a droit de vendre le plu
cher qu'il peut. Antipater ſe fonde ſu
l'utilité publique que nous ne devons pa
ſéparer de la nôtre. Diogéne répond qu'

autre choſe eſt de cacher, autre choſe eſt de ſe taire. Antipater par le même principe condamne un homme qui vendroit une Maiſon dont il ne déclareroit pas ſes défauts. Diogéne au contraire soûtient que le Vendeur n'a pas tort, que c'eſt à l'Acheteur à examiner ce qu'il achete. Ciceron eſt pour Antipater, parce qu'il préfére *l'honnête* à *l'utile* : & il condamne ce Banquier de Syracuſe, qui donna un repas à Canius Chevalier Romain, afin qu'à la vûë de beaucoup de poiſſon qu'il diſoit avoir été pris devant ſon jardin, il priſt envie au Chevalier d'acheter la Maiſon, ce qui arriva ſelon le projet du Banquier. De ſorte que Canius fut trompé faute de la Loy qui vint aprés contre le Dol, ou contre ceux qui diſſimuloient quelque choſe par rapport à ce qu'ils vendoient ou achetoient : il approuve au contraire l'action de Scevola qui donna d'un fond une ſomme conſidérable plus que le Vendeur ne l'avoit eſtimé, parce qu'il jugeoit que ce fond valoit davantage. Tout le monde, dit Ciceron, avouë que cela eſt d'un homme de bien ; mais bien des gens prétendent, entr'autres Hécaton de Rhodes, Diſciple de Panætius, que cela n'eſt pas d'un homme ſage qui doit travailler pour

les intérêts de sa famille. Ciceron ne
goûte pas cette distinction d'homme de
bien & d'homme *sage*, & il conclut que
comme il n'est jamais utile de faire tort
aux autres , parce que cela est toûjours
honteux , il est aussi toûjours utile d'être
homme de bien, parce que cela est toûjours honnête. Il autorise tout ce qu'il
dit par la décision du Pere de Caton , qui
condamna Titus Claudius, qui avoit ven-
du une Maison qu'il avoit sur le Mont
Cælius, dautant qu'il sçut que les Augu-
res la lui devoient faire abbattre, à dédommager Calpurnius qui l'avoit ache-
tée. Titus, dit-il, avoit fait comme ceux
qui tendent des piéges où ils n'excitent
pas les bêtes à venir, mais où les bêtes
viennent d'elles-mêmes. C'est une chose
étrange, selon lui, que la Coûtume pré-
vale en ces sortes de rencontres sur le
droit naturel, & qu'il n'y ait qu'une *om-*
bre & un phantôme de justice parmi les
hommes. Il veut qu'on bannisse toutes les
mauvaises finesses, & principalement cette malice qu'on veut faire passer pour une
prudence toute éloignée qu'elle en est:
puisque la prudence consiste à distinguer
les bonnes d'avec les mauvaises choses,
& que la malice préfere toûjours *l'utile*
à *l'honnête*, c'est-à-dire, le mal au bien.

Les Loix Civiles, dit-il, qui ont leur
ſource dans la nature, non-ſeulement puniſſent la fraude par rapport aux maiſons & aux héritages, elles la puniſſent
encore par rapport aux eſclaves qu'on ne
doit vendre & acheter qu'avec toute la
bonne foy poſſible (car ce n'eſt pas à ces
ſcélérats qu'on punit par les fers & par la
priſon, qu'il s'addreſſe, il ne moraliſe
que par rapport à ceux qui bien qu'ils a-
giſſent ſouvent contre le droit naturel,
paſſent neanmoins pour gens de bien.)
Il n'approuve pas Craſſus cet homme que
par *honnêteté* il haït juſqu'à ſa mort; ni
Hortenſius même ſon ami, qui profite-
rent d'un Teſtament ſuppoſé, dans lequel les impoſteurs avoient compris ces
deux hommes pour être appuyez de leur
crédit. L'un & l'autre s'en douterent,
mais ils jugerent à propos de s'en taire
pour entrer dans le partage des richeſſes
de *Baſſle*, qui étoit l'Auteur prétendu du
Teſtament. Il ne peut ſouffrir que des premiers Magiſtrats d'une Ville ne laiſſent
au légitime légataire que le nom du Teſ-
tateur; & le fruſtrent de tout l'héritage;
ni même qu'on obtienne des ſucceſſions
à force de flatteries malignes & de ces
ſortes de devoirs qui ne partent point du
fond du cœur; ou qu'on faſſe enſorte de

se faire substituer à la place du légitime héritier.

Ces considérations font juger à Cice-ron que les gens de bien sont tres-rares, & il rapporte aprés son pere, dont il l'avoit appris , que Pinthia Chevalier Romain ayant comparu devant Fimbria, qui étoit Juge d'une affaire qui le regardoit, & ayant protesté en ces termes : *Comme je suis homme de bien*, Fimbria laissa l'af-faire indécise, jugeant qu'il falloit trop de choses pour faire un homme de bien, & ne voulant pas contester à Pinthia la qualité qu'il s'attribuoit.

Marius vient ensuite, qui est blâmé d'avoir accusé Metellus dont il étoit le Lieutenant, de prolonger la guerre, & de s'être vanté s'on le faisoit Consul, de mettre Jugurtha mort ou vif entre les mains du Peuple Romain. Il accusoit faus-sement , dit Ciceron, un homme de mé-rite. Rien n'est plus injuste ni de plus mauvaise foy. Car la grande régle est de ne rien faire qui soit honteux quelque utilité qu'on y trouve. Et de-là on peut juger combien est détestable l'exception d'Euripide, que le Beaupere de Pompée avoit si bien retenuë', que *si l'on peut violer les Loix, il faut que ce soit pour régner*. Peut-on tirer quelque utilité d'un deſſein ſi honteux ou d'un attentat ſi horrible ? Les inquiétudes , les allarmes & les terreurs perpétuelles d'un Tyran ne ſont-elles pas aſſez juger qu'il s'eſt mépris ? Cela donne occaſion à Ciceron de relever l'action de Fabrice cet Ariſtide Romain, qui renvoya comme un infame le Transfuge qui s'étoit venu offrir pour empoiſonner Pyrrhus le plus redoutable ennemi des Romains ; & il décide généralement que tout ce qui attire à un Etat la haine de ſes Alliez & beaucoup d'infamie ne ſçauroit être *utile* à cet Etat.

Hécaton grand faiſeur de queſtions paroît de nouveau. Il demande ſi dans la néceſſité de jetter quelque choſe dans la Mer pour décharger un Navire , on doit plûtôt jetter un cheval de prix qu'un vil eſclave ; c'eſt un combat entre l'utilité & l'humanité , & le Philoſophe eſt d'avis que l'utilité l'emporte. Il demande ſi un ſage peut arracher à un foû la planche ſur laquelle il ſe ſauve du naufrage : ſi le Maître du Navire lui-même la peut arracher. Non , répond Ciceron. Le ſage n'a nul droit à la planche , & le Vaiſſeau n'a pour Maître que ceux qui ſont deſſus juſqu'à ce qu'ils ſoient arrivez au lieu où ils veulent aborder. Il demande ſi deux ſages n'ont pas également droit à la planche dont il vient de parler. Et Ciceron décide qu'il faut qu'ils se la cédent l'un à l'autre. [Peut-être périront-ils tous deux en se faisant des complimens ; mais cela ne nous doit pas arrêter.] Il demande si un fils est obligé de dénoncer son pere qui pilleroit les Temples, & qui tireroit par des trous souterrains l'argent du Trésor public. Il ne le doit pas, dit-on, dautant que rien n'est si avantageux à la Patrie que d'avoir des sujets bien disposez pour leurs parens. Ce ne seroit plus la même chose si ce pere vouloit trahir sa Patrie : en ce cas, son fils aprés avoir mis tout en usage pour l'en détourner, seroit obligé de le déférer comme un traître. Il demande si un homme sage ayant reçu des écus faux pour de bons, peut aprés s'être apperçu qu'ils sont faux les donner à ses créanciers. Diogéne répond qu'il le peut. Antipater le nie. Ces deux Philoso-phes en plusieurs autres cas de cette nature ne s'accordent nullement. Il deman-de si un homme vendant de l'or pour du cuivre, un homme de bien qui re-connoît que c'est de l'or, est obligé de l'en avertir, ou s'il peut acheter cet or au prix du cuivre. Il demande si un hom-me qui auroit promis à son Médecin de ne se servir qu'une fois d'un reméde

qu'il auroit reçu pour l'hydropiſie peut
aprés avoir reconnu l'efficace de ce reméde s'en ſervir une ſeconde fois dans
le même beſoin. Il demande encore ſi
un homme ſage peut accepter une ſucceſſion future, à condition de danſer à la
veuë de tout le monde dans une place
publique.

On voit aſſez ce que Ciceron penſe ſur
tout cela. Il ſe moque du Soleil, qui
voulut tenir la promeſſe qu'il avoit faite à
ſon fils Phaëton, de lui accorder ce qu'il
ſouhaiteroit. Le jeune homme voulut
conduire le chariot de ſon pere, il s'éle-
va bien haut, & il eut le ſort que tout le
monde ſçait. Il ſe moque de Théſée &
d'Agamemnon, l'un qui voulut que ſon
fils Hypolite périt; l'autre qui ſacrifia ſa
fille Iphigenie, parce qu'il avoit promis
à Diane de lui ſacrifier ce qui paroîtroit
de plus beau cette année-là dans ſon
Royaume. Il ne veut pas auſſi qu'on rende à un homme l'argent qu'il auroit mis
en dépôt s'il vouloit l'employer à faire
la guerre à ſa patrie. En un mot, ſelon
Ciceron, on ne doit point tenir les promeſſes qui ne peuvent tourner à l'avantage de celui à qui on les a faites; & ce
qui eſt honnête & utile dans un tems ne
l'eſt pas toûjours dans d'autres circonſtances,

Voilà le ſtile ordinaire de l'imagination. A force de faits qui ne regardent
point l'état de la queſtion, à force d'incidens qui amuſent voilà les vertus humaines parfaitement établies; la ſociété
humaine n'a plus rien à deſirer. *L'hon-*
nête & *l'utile* ſont inſéparables dans toute action de juſtice. Mais malheureuſe-
ment on ne gâgnera jamais perſonne par
ce principe. Nous ſentons aſſez que tout
ce qui eſt honnête, eſt utile pour la vie
future; qu'il n'y a d'utile pour la conſervation des Républiques, que ce qui eſt
juſte & honnête : mais nous ne ſentons
pas de même que ce qui eſt *honnête* ſoit
toûjours *utile* pour la vie ſenſible, qui
eſt la ſeule dont s'occupe l'homme qui ne
regarde que le monde & ſoy-même. Tous
les plus magnifiques diſcours , tous les
exemples les plus éclatans ceſſeront toûjours de nous impoſer à cet égard dans la
pratique. Les réſiſtances qu'il ſe faut faire , les travaux qu'il faut endurer, les
contradictions & les douleurs ne furent
jamais des caractères d'utilité pour une
vie qui ſe perd tous les jours , & qui diſ-
paroît tout à coup. Il eſt un peu plus naturel quand on ſe borne à cette Terre,
de ne regarder comme *honnête* que ce
qui eſt *utile :* puiſqu'on ne voit de grands

d'élevez dans le monde que ceux qui ont cherché & qui cherchent leurs inté-êts propres. On les reſpecte, on s'atta-he à eux, on les admire, on leur éléve es ſtatuës, on leur offre de l'encens. Et u fond ſi nous donnons des loüanges à eux que nous appellons vertueux, ce 'eſt que parce que leur vertu nous eſt utile. On loüe les uns à cauſe du bien qu'on en eſpére : on loüe les autres à cau-ſe du bien qu'on en a reçu. Ainſi n'étant déterminez que par la vûë de nôtre uti-lité propre, que pouvons-nous dire con-tre ceux qui font de cette utilité leur ob-jet, & qui n'agiſſent point par un autre principe ? Car enfin, il ne s'agit pas de raiſonner ſur des idées vagues & confu-ſes. Rien n'eſt plus facile que d'employer ces beaux mots de *vertu*, & *d'honnête*, & de ſe plaindre qu'il n'y ait parmi qu'*une ombre & un phantôme de vertu*. Il faut raiſonner ſur le fait, & avoüer que toute la conduite des hommes prouve que le plus ſage eſt celui qui ſçait le mieux rechercher *l'utile*.

Ciceron n'a donc rien fait pour con-vaincre l'eſprit de la beauté & de la né-ceſſité de la vertu : ce qui étoit neanmoins la ſeule choſe qu'il avoit à faire. Il fait voir des gens qui ſe ſont conduits comme

bon leur a semblé : mais je dis qu'aprés
tout ils n'ont été sages qu'autant qu'il
ont recherché *l'utile*, puisqu'ils n'avoien
pas pour objet une autre vie que celle-c
Il faut pour faire reconnoître la force d
l'honnête & l'utilité de la justice élevé
les esprits au dessus du sensible, & leu
réveiller les idées que les sens leur ca
chent. Il faut les forcer par leur propr
lumiére à reconnoître ce qu'ils doiven
au Créateur, & à eux-mêmes.

Les exemples de ceux qui ont pris un
bon ou un mauvais parti, supposent des
idées justes & un discernement exact,
pour faire le bien & éviter le mal sur ces
exemples. Il s'agit donc préalablement
de rendre l'esprit capable de consulter
la lumiére naturelle, si l'on veut voir de
l'équité & de la justice dans les actions.
Les exemples peuvent venir aprés. Mais
on se contente de les proposer, parce
qu'on se contente d'une vertu de machine, & qu'on aime mieux exciter la vanité, que de tourner l'esprit vers sa véritable lumiére.

Quand Ciceron néanmoins auroit été
assez Philosophe pour développer toutes
les véritez qui regardent le corps & l'a-
me dans l'ordre naturel, & qui ont entr'elles une liaison nécessaire, sa Philosophie

...hie n'en auroit pas été plus efficace :
puisque l'homme voulant invinciblement
être heureux, & les idées les plus pures
& les plus distinctes de vertu, ne portant
point de plaisir avec elles, il ne peut qu'-
en recevoir un surcroît de peine, lorsque d'une part il apperçoit leur réalité &
les Loix qu'elles imposent, & de l'autre
qu'il sent son esclavage & l'impuissance
où il est de renoncer au plaisir. Car encore un coup, quelque utile que soit
l'*honnête*, la vertu ne rend point la vie
heureuse. D'une part elle nous expose à
toutes sortes de travaux, elle nous demande une vigilance continuelle ; & de
l'autre elle nous prive de tout ce qui fla-
te les sens. Il est vray que les plaisirs du
corps ne nous rendent pas aussi fort heureux à cause des inquiétudes qu'ils nous
causent, & de la crainte que nous avons
de perdre la cause qui les entretient :
mais du moins nous nous trouvons bien
dans le tems que nous en joüissons, &
nous ne pouvons nous empêcher de trouver ce sentiment agréable, parce qu'il
l'est en effet, & que rien ne s'accorde davantage avec le desir invincible que nous
avons du bonheur. Cela seul fait voir que
les Philosophes quelque lumière qu'on
leur attribuë, & quelque grands raison-

O

nemens qu'ils ayent fait, n'ont pû être
plus vertueux que le commun des hommes, puisque n'étant pas d'une autre
nature que le commun des hommes, ils
ne pouvoient pas aimer la peine, ni éviter le plaisir. La Philosophie peut bien
convaincre l'homme de ses devoirs, mais
elle ne peut le guérir de rien. Il n'y a que
la Religion qui puisse lui faire embrasser
la vertu en lui proposant d'une part des
plaisirs grands & durables pour les plaisirs passagers dont elle demande qu'il se
prive ; & de l'autre en lui fournissant par
avance un plaisir seul capable de le dédommager de ceux du corps.

C'est, ce me semble, sur ce principe
qu'il faut parler de *l'utile* & de *l'honnête*,
autrement on bâtit sur rien, on se perd
dans ses pensées, & en affectant une
grandeur imaginaire, on demeure dans
des misères réelles & dans les plus hon-
teuses foiblesses.

CHAPITRE XXVIII.

Les Sages de Ciceron ſont convaincus de baſſeſſe & d'ignorance.

Ciceron pour appuyer ſes préjugez n'avoit pas trop de tous les exemples de la Fable & de l'Hiſtoire. Il ne peut approuver le procédé d'Ulyſſe que les Poëtes Tragiques ont accuſé d'avoir fait le foû pour ne pas aller à la guerre, & pour avoir la liberté de vivre en repos à Ithaque avec ſes parens, ſa femme & ſon fils. Il lui étoit plus avantageux, dit le Philoſophe, de combattre contre les ennemis & les flots, que d'abandonner la Gréce dans le deſſein qu'elle avoit de faire la guerre. Il oppoſe à la conduite d'Ulyſſe celle de Régulus qui préféra les intérêts de ſa Patrie aux ſiens propres, ou plûtôt qui jugea qu'il n'en avoit point d'autres que ceux de ſa Patrie : il fait une diſſertation ſur le retour de ce grand homme à Cartage, & il conclut qu'il eut raiſon de juger qu'il n'y a pas un plus grand mal que l'infamie attachée au parjure. Ce ne fut pas néanmoins dans ſon retour que parut ſa grande ame. Dans

ces temps-là on ne sçavoit ce que c'éto[it]
que de manquer à sa parole ; mais ce f[ut]
en ce qu'il remontra qu'il étoit à propo[s]
que les Romains retinssent les prison[n-]
niers qu'ils avoient faits. Il ne fit pas com[-]
me ces dix Seigneurs, qui ayant été en[-]
voyez au Sénat par Annibal pour le mêm[e]
sujet, rentrérent dans le Camp comm[e]
s'ils eussent oublié quelque chose ; & p[ar]
ce détour se crûrent dispensez du se[r-]
ment qu'ils avoient fait de revenir. L[e]
Sénat n'approuva pas cette mauvaise [fi-]
nesse, & les renvoya pieds & poings liez [à]
Annibal. C'étoit une exactitude digne d[u]
Sénat. Mais dans quel étonnement fut A[n-]
nibal, lors qu'il vit que ce même Séna[t]
ne voulut pas racheter huit mille hom[-]
mes, pour la rançon desquels il ne fallo[it]
donner qu'une somme médiocre, pou[r]
apprendre aux Soldats qu'il falloit vain[-]
cre ou mourir ? Le Cartaginois connu[t]
par là, que les Romains ne pouvoien[t]
être si abaissez qu'ils ne fussent invinci[-]
bles : & ils n'étoient tels, dit Ciceron [,]
que parce qu'ils avoient moins d'égard[,]
à ce qui étoit *utile*, qu'à ce qui étoi[t]
honnête & glorieux ; ou plûtôt parce qu'ils
reduisoient tout *l'utile* à ce qui est *hon-*
nête.

Ulysse se faisoit une vertu à sa mode [,]

Regulus s'en faiſoit une à ſa fantaiſie.
Celuy qui ſçavoit le mieux s'épargner la
peine, avoit le plus de raiſon. Quand
on ne pouſſe point ſes vûës au de-là du
monde préſent, on n'a rien de plus cher
que ſa vie, ſa fortune & ſon repos. On
dira ſans doute qu'en qualité de Chrétiens nous prétendons aller plus loin.
Mais ſi cela eſt ainſi, il faut qu'en changeant d'objet, nous changions de principe. Il faut que la confiance en nous-
mêmes tombe, & que le renoncement à
nous-mêmes prenne ſa place ; il faut que
le deſir de la gloire s'évanoüiſſe, & que
l'amour des humiliations luy ſuccéde. Où
eſt le bon ſens de croire qu'on puiſſe
changer d'objet, ſans changer d'eſprit ?
Ce n'eſt donc pas une petite affaire que
de changer d'objet. Car il n'y a rien ſi
difficile que de changer d'eſprit. Si l'on
y penſoit un peu, on ſe feroit un peu
plus de ſcrupule qu'on ne fait, de prendre dans la lecture des Livres Payens,
un eſprit ſi contraire à celuy de la Religion que nous profeſſons.

Il ne faut point prendre le prétexte de
la ſocieté. Nous devons plus à nous-mêmes qu'à la ſocieté, ſi elle doit périr,
& ſi nous n'attendons rien que d'elle.
Il n'y a au fond que le ſentiment d'une

origine & d'une fin céleste qui nous fa
parler autrement, comme chacun le pe
reconnoître en se consultant bien so
même.

Ciceron ne démêlant point tout ce
confond ce que fait un Etat par pure p
litique, avec ce que chacun de nous do
faire par un principe de vertu. On pe
dire, sans se tromper, que c'étoit mo
la vertu que la fierté, ou la cruauté d
Romains qui leur réüssissoit. Car où
l'humanité, par exemple, de laisser p
rir dans l'esclavage huit mille hommes
qui n'étoient point prisonniers par leu
faute, & qu'on pouvoit racheter à peu d
frais ? Ciceron n'y pensoit pas, en ap
prouvant des maximes de cette sorte,
étoit dans le préjugé du vulgaire, qu
appelle *honnête* ce qui s'accorde avec l
disposition de son esprit, & non pas c
qui est honnête véritablement & pa
soi-même.

Pour Régulus, il fit bien de retourne
à Cartage, puisque c'étoit une loy in
violable dans la Guerre, de tenir la pa
role qu'on donnoit aux ennemis : mai
ce n'est pas ce que Ciceron trouve ad
mirable, il l'admire d'avoir remontré au
Senat, qu'il étoit à propos de retenir les
prisonniers Cartaginois, dautant qu'il

en avoit parmi eux qui pouvoient devenir bons Capitaines, & plus utiles à Car-
age qu'il ne le pouvoit être à ſa Patrie,
gé comme il étoit.

Où étoit donc alors la fierté Romai-
ne, qui avoit déconcerté Annibal ? Les
Romains qui avoient paru attendre tout
de leur courage, ne devoient-ils pas té-
moigner en cette occaſion, qu'ils atten-
doient tout de leur prudence, & qu'ils
ne ſe mettoient pas en peine que leurs
ennemis euſſent d'habiles Officiers ? Mais
voici le dénoüement du procedé de Regulus. C'étoit un franc Stoïcien, qui tenoit avec ceux de ſa Secte, que la *dou-*
leur n'eſt pas un mal. Il étoit engagé à
ſoûtenir ce ſentiment. S'il eût propoſé
l'échange des Priſonniers, il auroit paru
apprehender la priſon & la mort.

Il falloit donc que pour ne pas démentir ſa Philoſophie, il éloignât l'échange.
Mais bien loin que ce fût l'effet d'un
grand courage, au contraire ce fut la marque d'une ame eſclave de la paſſion d'orgueil, obſtinée contre les ſentimens les
plus réels & les plus naturels ; contre
tout ce qu'elle éprouvoit en elle-même,
& qui mandioit lâchement l'approbation
publique. Quand on entend un Fabrice
répondre à Pyrrhus, qui luy offroit de

luy donner la première place dans ſ[on]
Royaume , *que ſi les Epirotes connoi-*
ſoient Fabrice , ils voudroient l'avoir po[ur]
Maître au lieu de Pyrrhus. Peut-o[n]
prendre la plus haute vertu Payenne po[ur]
autre choſe que pour une baſſe oſtentation ?

Ciceron lui-même dans certains momens ne reconnoiſſoit point *d'homm[e]*
de bien. Cependant ſes admirateurs prétendent que *les Payens , ceux même[s]*
qui ne craignoient point la colere de Dieu,
ne laiſſoient pas de ſe tenir fermes à leu[r]
devoir par le ſeul amour de la vertu.
Mais ſi cela étoit ainſi, que pourroit-on
demander davantage aux Chrétiens ? Si
on peut, ſans Jeſus-Chriſt, avoir un a-
mour ſi pur & ſi déſintereſſé, pourquoy
Jeſus-Chriſt eſt-il venu ?

Les mêmes attribuënt l'idée que les
Stoïciens avoient de leur Sage , à *l'igno-*
rance où ils étoient de la corruption d[e]
la nature. Mais ſi les Stoïciens ne con-
noiſſoient pas cette corruption , comment pouvoient-ils diſtinguer ce que la
Raiſon nous preſcrit, d'avec ce que cette corruption inſpire ? Il y avoit de cette idée une cauſe immédiate qu'il eſt
aiſé de découvrir. C'étoit un orgueil dé-
meſuré. Comme d'une part ils ſentoient

que

que le mouvement qu'ils avoient pour le
Bien, ne pouvoit cesser, & que la lumiére
qui nous conduit, ne peut s'éteindre ; &
de l'autre qu'ils étoient persuadez qu'ils
n'avoient par eux-mêmes & ce mouvement & cette lumiére ; ils jugeoient que
rien n'étoit au dessus de leurs forces ; &
par ces deux principes ils prétendoient
non seulement surpasser le commun des
hommes, mais encore rendre inutiles le
plaisir & la douleur, qui sont comme les
deux poids de l'ame : ils prétendoient
même s'y rendre insensibles, & exercer
du haut de leur prétenduë Raison, un
empire parfait sur l'Univers, sans le devoir qu'à eux-mêmes. On ne peut, ce
me semble, être plongé dans un abîme
plus profond, ni imaginer une folie plus
outrée. Ils raisonnoient pourtant conséquemment ; & si l'on admet leur principe, il faut se précipiter avec eux. J'ai
assez fait voir d'où dépendent nos connoissances & nos volontez, il n'est pas
nécessaire d'en parler icy davantage.

CHAPITRE XXIX.

Le bonheur d'un Epicurien est plus réel que celuy que Ciceron propose.

Ciceron finit ses Offices en attaquant Aristippe & Epicure, comme des gens dont la doctrine bannit toute sorte de vertus. En supposant, dit-il, ce que disent ces Philosophes, *que le souverain Bien consiste dans la volupté: & le souverain mal, dans la douleur*, quel sera l'éxercice de la vertu ? La Prudence ne pourra être employée qu'à faire le discernement des voluptez, la force ne sera plus qu'un mot vuide de sens, la Justice & la Tempérance ne seront plus que des phantômes. Quand Epicure parleroit mieux que les Disciples d'Aristippe sur la Force & sur la Tempérance, on ne doit pas avoir égard à ce qu'il dit; mais seulement à son principe. Ces gens-là font des vertus à leur mode. La Prudence, disent-ils, fournit des plaisirs, & éloigne les douleurs. La Force fait mépriser la mort, & souffrir patiemment la douleur qu'on ne peut éviter. Pour la

Temperance, ils ne sçavent comment s'y prendre pour la déterminer : elle ménage, disent-ils, le plaisir, & adoucit la douleur. De la Justice & des autres vertus qui en dépendent, ils n'en peuvent pas dire un mot, puisqu'en supposant qu'on rapporte tout à son plaisir & à son utilité, c'est une nécessité qu'elles s'éclipsent. Car enfin la volupté & la vertu sont incompatibles ; & c'est pour cela que Calliphon & Dinomachus, qui pour accorder les Philosophes, vouloient joindre la volupté avec la vertu, comme la bête avec l'homme, ne sont pas moins blâmables qu'Aristippe & Epicure.

Ciceron en veut ici à la volupté ; mais quel nom donnera-t'il à ce bonheur qu'il ne doit qu'à lui-même, & dont il est charmé ? Un Epicurien ne pouvoit-il pas luy dire : Montrez-moy que le bonheur dont vous prétendez vous mettre en possession, est plus réel & plus raisonnable que le mien ? Vous dites qu'en faisant consister la vertu dans le plaisir, j'anéantis la Justice ; c'est donc parce que j'attache à ces mots d'autres idées que vous, Montrez-moy que mes idées sont fausses, non pas par des éloges ennuyeux de ces vertus, mais en me convainquant par ce qui se passe en moy-même ; autrement

tous les sentimens de la nature favorise-
ront mon parti contre vos vagues & stériles spéculations? L'Epicurien a tort, je
l'avouë, & tres-grand tort de ne reconnoître pour vrai Bien que le plaisir,
mais il demande qu'on l'instruise, il n'a
pas tort en cela. Et dans le fond la plûpart des hommes luy ressemblent, quoy,
qu'ils ne parlent pas comme luy. Convaincus que nous sommes par tous nos
sentimens, qu'il n'y a point d'autre Bien
que le plaisir, ni d'autre mal que la douleur, nous courons grand risque, quelque chose que nous disions, de regarder
les idées de vertu comme des chiméres,
jusqu'à ce qu'on nous ait montré : 1. l'injustice & la vanité des plaisirs sensibles.
2. Le principe & l'usage de la douleur.
3. La réalité de la lumiére, & de cette
voix qui nous dit au dedans de nous-
mêmes : *Il faut, & il ne faut pas.*

C'est en nous instruisant à fond sur
toutes ces choses, que nous découvri-
rons le ridicule des sentimens d'Epicure,
& d'Aristippe, sans faire, comme Ciceron, un cahos de vertus, où l'Esprit ne
sçauroit se reconnoître ; que nous dé-
couvrirons, dis-je, que la Justice consis-
tant à aimer chaque chose à proportion
qu'elle est aimable, la Prudence ne con-

siste que dans l'attention à reconnoître ce qui est plus aimable en soi-même : la Force, que dans la résistance aux sentimens qui tendent à nous le faire négliger : & la Tempérance , qu'à prendre de justes mesures pour le faire goûter aux autres.

Cette seule idée fait mépriser les biens du corps & de la fortune ; & ce mépris effectif est la source du désintéressement, de la Libéralité, de toutes les vertus qui sont inséparablement unies , & que la Religion a divinement comprises sous le nom de *Charité*.

On peut dire comme Ciceron, que la Tempérance n'étant qu'un assemblage de bienséance, de modération , de modestie, de retenuë, tout ce qui est contraire à ces vertus , ne sçauroit être utile : mais il faut attacher à ces mots les idées que nous avons marquées, & qu'on ne se rend familiéres que par beaucoup d'attention & de travail. Autrement on parle, & ce qu'on dit ne sert qu'à entretenir les désordres que nous voyons dans le monde Chrétien.

CHAPITRE XXX.

Déréglement de l'Amitié que Ciceron fait valoir. Méprises de quelques Sçavans.

LEs hommes étant tous unis dans une même societé, rien ne leur est plus nécessaire que de sçavoir comment ils doivent s'aimer les uns les autres. Ciceron fait discourir Lœlius sur cette matiére, aprés un compliment de Fannius, tres-long & tres-capable d'éxercer la modestie. Lœlius ne peut souffrir qu'on mette sa Sagesse au dessus de celle de Caton : mais il veut bien qu'on croye qu'il porte son bonheur au dedans de lui-même, & qu'il tire de luy-même de quoi se mettre au dessus de tous les accidens de la vie : il assure que cette disposition lui fait porter patiemment la mort de son ami Scipion. C'étoit un ami incomparable : mais il y auroit, dit Lœlius, plus d'envie que d'amitié à s'affliger, puisqu'indubitablement il est au rang des Dieux. Les honneurs qu'il reçût des Senateurs, du Peuple Romain, & des Alliez la veille de sa mort, luy en furent un gage aſſûré, ſans compter que l'amitié qui avoit été entr'eux deux, ne ſeroit pas moins dans la mémoire des hommes, que ces deux ou trois couples d'amis, qui ſont devenus ſi célébres. Eſpérance la plus douce & la plus conſolante dont un Eſprit ſolide ſoit capable.

L'amitié, dit Lœlius, eſt ce qu'il y a de plus doux dans la ſocieté, pour laquelle nous ſommes nez. *C'eſt une parfaite conformité de ſentimens ſur toutes les choſes divines & humaïnes, ſoûtenuës d'un amour & d'une bien-veillance réciproque.* Cela eſt un peu différent de ce qu'il dit ailleurs, que *la parfaite amitié ne ſe peut guéres trouver qu'entre deux hommes, dont chacun eſt l'objet de toutes les affeſtions de l'autre.* Car il eſt évident que cette conformité de ſentimens ſe trouve entre tous les gens de bien, & qu'ils ne peuvent pas, quand ils ſe connoiſſent, ne ſe pas aimer : ce qui fait ſans doute une ſocieté d'autant plus agréable, qu'il y a plus de perſonnes qui la compoſent : puis que plus le bien qui les unit eſt grand, plus ils ſe réjoüiſſent de le voir aimé & recherché de beaucoup de perſonnes, dont le nombre aſſûre chacun d'eux d'un promt ſecours dans le beſoin. Mais Lœlius veut

qu'un ami soit l'objet de toutes les af-
fections de l'autre : il n'avoit garde aprés
cela, d'étendre la parfaite amitié à plus
de deux. C'est le fruit qu'il tiroit luy &
Scipion des mêmes idées *sur toutes les
choses divines & humaines.*

Quelques Sçavans néanmoins font icy
leur possible pour mettre Ciceron dans
le sentiment de saint Augustin, & pour
approcher les Stoïciens de la Religion
Chrétienne. Ciceron dit qu'il ne peut y
avoir d'amitié qu'entre les gens de bien.
Saint Augustin dit que nous ne devons
compter pour nos vrais amis, que les a-
mateurs de la vérité & de la vertu. Voilà, selon ces Sçavans, le Saint & le
Payen d'accord. L'homme de bien des
Payens pouvoit donc non-seulement connoître la vérité & la vertu ; mais encore
aimer l'une & l'autre préférablement à
toutes choses. Car autrement l'amitié ne
va pas bien. Je ne croi pas que cela se
puisse soûtenir dans des Ecoles Chrétiennes. On feroit mieux de montrer
l'illusion où étoient les Payens avec leur
prétenduë vertu, que de confondre leurs
idées avec celles de saint Augustin : il ne
faut pas nous renvoyer à eux comme à
de beaux exemples d'amitié ; mais prouver par les principes du saint Docteur,

qu'il ne pouvoit y avoir parmi eux de
vrais amis. En effet, Scipion & Lœlius
étoient-ils amis l'un de l'autre ? C'étoient
deux hommes pleins d'eux-mêmes, qui
s'endormoient l'un & l'autre dans leur
orgueil, & qui conspiroient reciproque-
ment pour leur éternelle confusion. Les
vrais amis s'excitent mutuellement à renoncer à eux-mêmes, à tourner toutes
leurs pensées & tous leurs mouvemens
vers le Créateur, à ne faire aucun fond
sur le *bras de la chair.* Ils se soulagent
autant qu'ils le peuvent les uns les autres
dans les besoins du corps; mais tout cela
pour le bien de l'ame, & pour rendre
de plus en plus ce qui est dû à leur Auteur. Il est certain que saint Augustin
l'entendoit ainsi, & que Ciceron étoit
bien loin de là. Les Sçavans mêmes dont
je viens de parler, en conviennent ; &
font voir ainsi par la contradiction de
leurs discours, qu'ils n'ont point de principe assûré.

On se prévient pour la Sagesse Stoïque, parce qu'un Sage Stoïcien ne demande point d'autre bien que la vertu,
ni d'autre plaisir que celui de remplir ses
devoirs, parce qu'il ne veut que consulter la vérité, & n'avoir que les mouvemens que la Raison luy donne, parce

qu'il prétend que l'humeur ni les passion
ne peuvent rien sur luy ; mais on ne voi
pas que ce prétendu Sage confond l'o
gueil avec la vertu , la Raison avec l
corruption de la nature , qui nous fai
tout rapporter à nous-mêmes : on ne voi
pas que c'est malgré l'expérience conti
nuelle qu'il a de sa foiblesse, qu'il s'a
tribuë la souveraine puissance , & qu'i
veut tout tenir de lui-même. On ne voi
pas que pendant qu'il se vante d'avoir
éteint ses passions, elles luy déchirent le
cœur, que la douleur le presse , & qu'il
est esclave du plaisir pendant qu'il se di
maître des loix de la nature , dont l'un
& l'autre sont des suites.

La Morale Chrétienne , disent nos
Modernes , *nous conduiroit infailliblement à l'état que prêchoient les Stoiciens ;*
c'est-à-dire , à n'avoir ni passion ni misére , *si nous la suivions dans la derniére
éxactitude.* Quel aveuglement selon eux,
de s'imaginer que ce soit *faire violence
à la nature que de résister aux passions !*
Franchement ils n'y veulent pas penser.
La Morale Chrétienne, ou plûtôt la grace de la nouvelle Alliance , ne détruit
point la corruption de la nature , elle
nous laisse jusqu'à la mort sous la tyran-
nie de nôtre corps ; elle nous laisse nos

paſſions & nos douleurs, qui ſont les ſuites de cette dépendance. C'eſt aſſez qu'-
elle nous donne la force de vaincre les
unes, & de ſouffrir patiemment les autres ; afin qu'il nous reſte toûjours de
quoi faire à Dieu le Sacrifice que demande la plus parfaite Religion : Sacrifice
qui ſuppoſe une vigoureuſe réſiſtance
aux paſſions, dont l'aſcendant ſur l'homme, tel qu'il eſt aujourd'huy, fait aſſez
voir la violence qu'on fait à la nature,
lors qu'on leur réſiſte conſtamment.

CHAPITRE XXXI.

Mauvais raiſonnemens de Lælius ſur l'Amitié.

LÆlius continuant ſur l'Amitié, parle
ainſi. « Les Dieux immortels n'ont «
rien donné à l'homme de plus excel- «
lent aprés la Sageſſe, que l'Amitié. «
La vie mérite-t'elle le nom de vie, «
dit Ennius, ſi l'on n'y a un véritable «
ami qui la ſoûtienne, & qui ſoit ſen- «
ſible autant que nous-mêmes aux biens «
& aux maux qui nous arrivent? L'ami- «
tié n'eſt pas moins néceſſaire que l'eau »
& le feu : elle ne laiſſe point l'eſprit «

„ sans de bonnes espérances. On voit da[ns]
„ son ami, comme une image de soi-mê[-]
„ me. La mort même qui sépare deu[x]
„ amis, ne peut empêcher que l'un ne viv[e]
„ dans l'autre. Le mort est heureux par l[e]
„ souvenir du vivant. Et celui-cy se fa[it]
„ honneur par ses tendres regrets.

Voila donc le Mort encore vivant[.]
Mais si la vie ne mérite pas le nom de vi[e]
sans un ami, comment vît celui qui rest[e]
dans le monde ? Sur quoi fonde-t'il se[s]
espérances ? N'éprouve-t'il point qu'il au[-]
roit bien fait de faire plus d'un ami [,]
afin de ne se pas trouver au dépourvû [?]
En fait-il un nouveau, n'en fait-il point [?]
Que d'ignorance, que de bassesse, que[ ]
de contradictions dans ce discours ! Ceux[ ]
qui admirent le plus Ciceron, ne peuvent[ ]
pas s'empêcher de dire ici , que *l'ami-*
tié de deux hommes qui n'ont pour but que
le plaisir qui resulte de leur union, telle
qu'étoit celle de Scipion & de Lælius,
est opposée à la vertu; & que c'est à s'ai-
mer de cette maniére que consiste le peché.
Mais comment peuvent-ils dire ensuite,[ ]
que lors qu'on a un véritable ami , l'es-
pérance des secours qu'on est seur d'en
tirer dans le besoin, dissipe la tristesse que
causent les accidens dont on est ménacé.
Quand on est opposé à la vertu & dans[ ]

habitude du peché, est-on dans une
disposition qui *dissipe la tristesse?* Quoy
qu'il en soit, la Raison humaine qui a-
voit formé l'amitié de Scipion & de Lœlius, avoit dégénéré jusqu'à jetter deux
si bons amis dans le peché. C'est assez,
ce me semble, pour décrier étrangement
cette espéce de raison, & pour rabattre
infiniment de la Sagesse qui n'a pas d'autre principe.

Lœlius. » Les Terres demeureroient «
incultes sans l'amitié. Elle fait subsister «
les Familles & les Républiques. Cela «
paroît assez, en ce que la Discorde ren- «
verse les unes & les autres. Les parties «
mêmes de l'Univers, suivant la belle «
remarque d'un Philosophe Agrigentin, «
ne s'entretiennent que par l'amitié. La «
Discorde les dissipe.   «

Par ce raisonnement on prouveroit
que les Laboureurs qui cultivent bien les
Terres, que les Citoyens qui ne travaillent que pour le bien de la République,
ont entr'eux cette parfaite amitié, qui
est la belle passion de Ciceron ou de
Lœlius, qu'ils s'unissent deux & deux,
qu'ils vivent les uns dans les autres, qu'ils
ne s'occupent que les uns des autres ;
que l'un fait toûjours, ou la gloire, ou le
bonheur de l'autre. Mais par malheur ce

n'eſt pas l'amitié, c'eſt la paix qui e
oppoſée à la Diſcorde ; & une amiti
pareille à celle que les parties de l'Un
vers ont entr'elles, eſt une amitié de ma
chine.

Lœlius. » Enfin rien n'attire tant le
» loüanges que l'amitié. On ſçait l'Hi
» toire d'Oreſte & de Pilade. Qu'au
» roit-on dit en les voyant eux-mêmes
» ſi l'on a été ſi touché de la ſimple ré
» préſentation que Pacuve en a faite ?

On voit aſſez qu'il n'y a là qu'imagi
tion & enthouſiaſme. La Sageſſe & l'A
mitié de Lœlius, quoy qu'il en diſe ,
valoient autant l'une que l'autre. Celle
ci étoit toute dans les ſens ; celle-là étoi
l'art de contenter l'orgueil. Cela eſt
prouvé. Oreſte & Pilade étoient à plaindre dans leur ſenſibilité. Quel objet lui
donnoit Pacuve pour la rendre raiſonnable ?

CHAPITRE XXXII.

Lælius en parlant de l'Amitié, prenoit une diſpoſition purement corporelle pour la lumiére de la Raiſon.

ÆLius auroit fini ſur l'exemple d'O-reſte & de Pilade, mais Fannius & Scevola luy font une trop douce violen-ce. Il continuë ainſi ce qu'il a ſi bien commencé. » Aprés avoir beaucoup «
penſé ſur l'Amitié, j'ai découvert qu-«
elle vient du fond de la nature, & non «
pas du beſoin que les hommes ont les «
uns des autres : parce qu'il n'y a rien «
de ſi naturel à l'homme que d'aimer. «
Nous voyons que les bêtes aiment leurs «
petits, & que les petits aiment leur «
mére. Les Péres & les enfans s'aiment «
les uns les autres. Nous aimons ceux «
dont les mœurs reſſemblent aux nôtres, «
& en qui la vertu ſe manifeſte. On eſt «
attendri lors même qu'on entend par-«
ler de Fabrice & de Curius : comme «
on eſt indigné lors qu'on entend parler «
de Tarquin. On loüe Pyrrhus pendant «
qu'on déteſte Annibal, quoi qu'ils ayent «
été tous deux également ennemis des «
Romains. «

Si lors qu'on nous parle d'une ame
généreuse & élevée, nous nous sentons
touchez pour elle; cela ne prouve autre
chose, sinon que nous aimons nécessairement l'ordre qui nous est marqué dans
la lumiére naturelle; & on n'en peut
rien conclure en faveur de cette espéce
d'amitié, où deux hommes se font la fin
l'un de l'autre. Cette amitié a pourtant
son principe dans la nature; mais c'est
comme l'amour des péres & des enfans,
des bêtes & de leurs petits y a le sien.
Le Créateur a composé de telle sorte les
corps de tous les animaux, que par les
seules loix du mouvement ils tendent à
s'unir les uns aux autres, suivant les besoins où ils se trouvent. L'effet de ces
loix est accompagné en nous de certains
sentimens, que nous appellons *des sentimens d'amour ou d'amitié.* Un homme
en trouve un autre d'une humeur commode, d'un entretien doux, naturel,
assidu, complaisant: ils se parlent, ils se
trouvent bien l'un de l'autre. Voilà deux
amis. Cette amitié a son principe dans
la nature; c'est-à-dire, dans la disposition du corps, & dans la fermentation
des humeurs. Je veux que ces deux hommes ayent de la vertu, & qu'ils agissent
l'un & l'autre par raison; d'où vient que
ni l'un

ni l'un ni l'autre n'eſt ami de tel ou tel
qui agit auſſi par raiſon ? Il faut tomber
d'accord que c'eſt que les humeurs ne
s'accordent pas ſi bien. Car à ne conſulter que la Raiſon , elle eſt capable d'u-
nir tous les hommes auſſi étroitement
qu'elle en unit deux. C'eſt donc de la
diſpoſition du corps, & du caractére de
l'imagination que ſe tirent les amitiez
de deux & deux. Mais Ciceron ne diſtin-
guoit pas la *nature*, qui n'eſt que la diſpoſition du corps d'avec la *nature*, qui eſt
la lumiére des Eſprits ; & confondoit ainſi tous les divers mouvemens par leſquels
les hommes ſe portent vers différens
objets, en un ſeul qu'il appelloit *Amitié.*

Le commerce de Lœlius & de Scipion
n'avoit donc rien que de bas & de vulgaire , quelque couleur qu'ils lui donnent : & les grands hommes que Lœlius
admire, ne ſe diſtinguoient du peuple &
des enfans dans leurs amitiez, que par
l'orgueil qu'ils y apportoient, & les chiméres dont ils vouloient bien ſe repaître.

Il n'y a de vrais amis que ceux qui
ſont unis par le goût des vrais Biens, &
par la connoiſſance des véritez eſſentiel-
les. L'expérience le fait aſſez connoître.

Q

Ce n'eſt pas que dans les amitiez ſolides
il ne puiſſe entrer de ces ſentimens qu'on
appelle *humains*, à cauſe qu'ils ont leur
principe ,dans la diſpoſition du corps,
mais il ne faut pas que ces ſentimens
dominent. Si cela arrive, la vertu n'y eſt
plus : à moins qu'on n'appelle *vertu* les
mouvemens de la machine qui font tranſ-
porter à la créature ce qui n'eſt dû qu'au
Créateur.

Or Ciceron ni les autres Payens n'é-
toient point capables de ces amitiez, où
ces ſentimens qui nous font tout rapporter à nous-mêmes, ne prennent pas le
deſſus ; eux qui ne pouvoient pas ſeulement diſtinguer ces mêmes ſentimens,
qui ne tendent qu'à la conſervation du
corps, d'avec la pure Raiſon qui tend à
nous rendre parfaits. C'eſt donc un aveuglement que de vouloir tirer d'eux des
lumiéres ſur l'amitié, & les autres devoirs de la vie civile.

Il n'y a rien, pour parler comme Lœlius, de ſi naturel à l'homme que d'aimer. Ne ſe ſuffiſant pas à lui-même, il
eſt porté continuellement à chercher ſon
bonheur hors de lui-même : mais rien
n'eſt plus contraire à la nature ou à la
droite raiſon, que d'employer ce mouvement pour s'unir à d'autres objets qu'à

celuy, qui ſeul a la puiſſance d'agir en nous ; & qui nous découvre la voye du ſolide bonheur. Nous en ſommes ſuffiſamment avertis par l'inquiétude qui accompagne nos joüiſſances, & dont nous ſommes agitez juſqu'à la mort.

CHAPITRE XXXIII.

Lœlius donne des régles ſans fondement. Les raiſons dont il appuye l'amitié ſont trop foibles. Il dément ſa Sageſſe. Les Payens n'étoient pas capables de la parfaite amitié.

Loelius toûjours d'humeur à ſe faire prier, vouloit finir aprés avoir fait voir le principe de l'Amitié ; mais preſſé de nouveau par ſes deux gendres, il va leur faire part des converſations qu'il avoit euës avec Scipion ſur une ſi riche matiére.

Les amitiez, dit-il, ſouvent s'alté «
rent ou ceſſent tout-à-fait par la diver «
ſité, & par les changemens auſquels «
les humeurs & les inclinations ſont ſu «
jettes. Parmi les hommes du commun «
l'Amitié périt par l'avarice. Parmi les «
honnêtes gens elle périt par l'ambition. «

Je croirois plûtôt que l'amitié ne périt
point parmi les avares & les ambitieux,
parce que l'amitié ne fut jamais parmi de
telles gens. L'amitié est une chose sainte
qui a pour principe la Lumiére & la Loy,
où la simplicité & le desintéressement
sont écrits. Sans ces deux caractéres ce
qu'on appelle *amitié*, n'est qu'un trafic de
l'amour propre, qui vise aux richesses,
aux honneurs, ou aux plaisirs par toutes
sortes de souplesses. Ce n'est pas apparemment ce trafic que Lœlius avoit dessein
de relever.

» Pour conserver l'amitié, dit-il, il
» faut que deux amis sçachent ce qu'ils
» doivent demander l'un de l'autre. Co-
» riolan n'avoit pas droit d'exiger de ses
» amis qu'ils prissent les armes pour lui
» contre la République. Ce Blosius à qui
» l'amitié fit suivre le parti de Tibérius
» Gracchus, n'étoit pas sage. Il ne faut
» point entrer dans les sentimens de ses
» amis quand ils sont pernicieux à la Ré-
» publique. Il faut faire pour nos amis
» tout ce que l'honnêteté permet qu'on
» fasse : Il faut les prévenir, il faut leur
» donner conseil, & profiter de ceux qu'ils
» nous donnent. La Loy de s'entr'avertir
» les uns les autres est essentielle dans
» l'amitié. Mais il faut que la vertu soit

la régle des avis qu'on se donne mutuellement.

Voilà des régles pour l'amitié. Quand
on en aura posé le fondement, elles ne
seront pas inutiles. *Coriolan* & *Blosius*
avoient raison dans leur principe. Tous
les ambitieux feront comme eux. Les a-
vares, les voluptueux en feront autant.
Chacun d'eux ira toûjours où l'intérêt de
sa passion le porte. Ils ne font des liaisons
que pour la mieux servir. Il faut rappeller les hommes à la Lumiére intérieure
& à la Loy d'où dépend toute union réelle, si on veut les rendre capables d'amitié, & leur en faire suivre les régles.

Lœlius. » Quelle pensée ! (C'est aux «
Epicuriens qu'il en veut) de rejetter «
l'amitié, parce qu'elle nous charge des «
affaires d'autrui, quoique nous ayons «
assez des nôtres : ou de dire que c'est «
le besoin qu'on a de secours, qui fait re- «
cher l'amitié. Certainement c'est le «
plaisir d'aimer & d'être aimé. Car di- «
ra-t'on qu'il faut rejetter la vertu, par- «
ce qu'elle nous impose le soin de résis- «
ter au vice qui lui est contraire ? Pour- «
quoy donc vouloir bannir l'amitié, à «
cause qu'elle nous oblige à travailler «
pour nos amis ? Vouloir être exemt de «
tout soin & de toute inquiétude, c'est «

» vouloir reſſembler à une ſouche. Peut-
» être, dira-t'on, que la vertu eſt quel-
» que choſe de trop dur pour l'homme :
« mais l'amitié fait aſſez connoître com-
» bien la vertu eſt ſouple & maniable,
» puiſque nôtre cœur ſe dilate ou ſe reſ-
» ſerre ſelon les avantages ou les diſgra-
» ces de nos amis. Enfin, c'eſt ôter le So-
» leil de l'Univers, que d'ôter l'amitié de
» la vie humaine.

Trouve-t'on que le plaiſir d'aimer les
créatures & d'en être aimé, que Lœlius
donne pour fin à l'amitié, renferme quelque choſe de plus noble & de plus con-
forme à la droite Raiſon, que la crainte
d'avoir trop d'affaires ? Les Epicuriens
voyoient de toutes parts des hommes
pleins d'amour propre, empreſſez à ſe
faire des amis pour arriver à leur but &
contenter leurs paſſions : avoient-ils tort
de ne ſe point laiſſer aborder ? Ne voit-
on pas que les amitiez purement humaines traînent avec elles une ſervitude dont
il ne reſte aucun fruit ? Mais où eſt ce
Sage qui n'étoit ſenſible ni à la douleur
ni au plaiſir, à qui ſa vertu tenoit lieu
de tout, qui ſe ſuffiſoit à lui-même ?
Eſt-il réduit aujourd'hui à venir ſe con-
ſoler auprés de fragiles créatures, & à
chercher parmi elles dequoy diſſiper les
nuages de ſon eſprit ?

» Lœlius. » Il est absurde de croire que
» l'homme qui est touché des honneurs,
» de la gloire, de la magnificence, ne
» le soit pas de la vertu qu'il voit dans
» un autre. Nous voyons dans toute la
nature que chaque chose tire à soy son «
semblable. Il faut donc que la sympa- «
thie des gens de bien soit la plus forte. «
Ils s'aiment non-seulement les uns les «
autres, leur bien-veillance s'étend en- «
core à tous les hommes. C'est le propre «
de la vertu d'être humaine, & de faire «
à tous tout le bien qu'elle peut. Mais «
quelque avantage que nos amis nous «
procurent, nous en sommes moins tou- «
chez que de l'amour qu'ils ont pour «
nous. Aussi les plus opulens & les plus «
vertueux sont les plus portez à faire du «
bien : marque que ce n'est pas l'utilité «
qui est le principe de l'amitié.   «

Je suis surpris qu'un sçavant homme ait
trouvé dans ce discours une *idée claire
de la charité*. Rien, ce me semble, n'est
plus contraire à la charité, que le desir &
le plaisir de s'attacher les cœurs. Ils ap-
partiennent à celui qui les a formez ; tous
leurs mouvemens lui doivent être ren-
voyez. C'est la premiere Loy de la nature : Et Lœlius qui s'écrie : *Qu'y a-t'il de
plus doux qu'une bienveillance mutuelle !*

fera toûjours pitié à ceux qui sçavent le rapport de la Créature au Créateur, entendant, comme il fait, par le mot de *bienveillance*, l'attachement du cœur humain.

Le sçavant homme que je viens de citer, avoit plus de raison de dire, qu'on voit par les discours des Payens que *la Charité est de la Loy naturelle, & que quand l'Evangile nous l'ordonne, il ne fait que nous ramener à la nature.* Mais je m'étonne qu'il n'ait pas vû que cet aveu détruisoit cette belle Raison humaine qu'il a toûjours attribuée aux Sages du Paganisme. Car étoit-ce dans cette Raison qu'ils voyoient les Loix de la Charité, ou dans la Raison éternelle ? S'ils les voyoient dans la Raison éternelle, ils pouvoient la consulter ; s'ils les voyoient dans leur propre Raison, c'est à cette Raison que l'Evangile nous raméne. Consultoient-ils une autre Raison que la nôtre ? ou avons-nous besoin de secours dont ils ayent pû se passer ?

» Lœlius. » Qui est-ce qui voudroit vivre dans l'abondance de toutes sortes » de biens & de plaisirs, à condition de » n'aimer personne, & de n'être aimé de » personne? Une telle vie seroit semblable » à celle des Tyrans, qui ne font aimez de » personne, parce qu'ils font craints de tout

le

le monde, & à qui on ne rend que des «
reſpects contrefaits. C'eſt pourquoy Tar- «
quin diſoit dans ſon exil qu'il diſtin- «
guoit dans cet état ſes vrais amis d'a- «
vec les autres. Il eſt ſurprenant qu'un »
homme de cette ſorte crût avoir des a- «
mis. L'aveuglement de la plûpart de «
ceux que la fortune favoriſe, n'eſt pas «
moindre que celui des Tyrans : ils de- «
viennent fiers & inſupportables dans «
leur proſpérité. Y a-t'il une plus grande «
folie que de ſe ſervir de ſon crédit pour «
toute autre choſe que pour ſe faire «
des amis ? «

Il me ſemble que les Tyrans n'avoient
que faire là, & que Lœlius n'eſt plus au
fait. On peut bien vivre avec tout le
monde, & n'avoir point de ces amitiez
tendres & ſenſibles qui lient les cœurs ſi
étroitement deux & deux. On peut n'être
point tyran, & n'avoir point de confi-
dent ou d'ami particulier. Enfin, on
peut ne ſe point oublier dans la ſociété,
être humain & libéral, faire part aux autres de ſes richeſſes ſans aimer l'un plus
que l'autre, quoiqu'on proportionne les
bien-faits au mérite.

Il eſt dur, je l'avoue, d'avoir tant de
penchant à s'attacher les uns aux autres,
& de ne pas ſuivre ce penchant : mais ne

R

peut-on pas sans le suivre se faire du bien les uns aux autres ? Ne peut-on pas en se rendant les uns aux autres tous les devoirs que demande la société, tourner son cœur & ses pensées vers la source de tous les biens ? Le Payen ne le pouvoit, mais le Chrétien le peut : & s'il manque en ce point, il manque en tout.

CHAPITRE XXXIV.

Contradiction de Lœlius. Ses amitiez sont d'un esprit inquiet. Sans charité, point d'amitié.

„ L Oelius. „ Il faut faire pour nos a-
„ mis bien des choses que nous ne fe-
„ rions pas pour nous-mêmes. Il ne faut
„ pas se mettre en peine si l'on rend plus
„ qu'on n'a reçu dans l'amitié. Il faut ani-
„ mer nos amis quand ils négligent leur
„ fortune. Il faut que deux amis ayent
„ les mêmes desseins & les mêmes vo-
„ lontez ; qu'ils s'aident mutuellement,
„ & l'un ne doit pas faire difficulté de
„ s'écarter un peu de la justice, s'il s'agit
„ de sauver la vie ou la réputation de
„ l'autre.

Cet homme avoit mis la sagesse au des-

ſus de l'amitié, il la met un peu au deſ-
ſous, il ne préfére plus tant la juſtice à
ſa vie & à ſa gloire ; il eſt prêt de s'en
écarter *un peu* pour ſes amis. Le voilà
humain. Il n'a plus cette roideur ſtoïque
qui n'admettoit point de plus ou de moins
dans l'injuſtice, ou qui trouvoit tout ce
qui n'étoit pas juſte également injuſte.
On avouë ici que la Philoſophie Payenne
eſt fort ſujette à ſe démentir : mais on
devroit avoüer auſſi qu'il n'y a rien de plus
mépriſable, qu'une Philoſophie qui ſe *dément*, & qui n'a point de régle certaine.

Lœlius. » Quand Bias auroit dit que «
dans l'amitié il faut penſer qu'on peut «
devenir ennemi de celui dont on eſt «
ami, la maxime n'en ſeroit pas meil-«
leure. Scipion diſoit mieux. Il vouloit «
qu'on choiſiſt bien ſes amis ; mais que ſi «
on avoit fait un mauvais choix on ne «
vint pas à haïr ſon ami. Il ſe plaignoit «
que tel ou tel ſçût le nombre de ſes «
chévres, ſans ſçavoir celui de ſes amis, «
& qu'on choiſiſt bien en toute autre «
choſe qu'en amitié. Il donnoit des ré-«
gles pour procéder en ce choix. Il faut «
éprouver ſes amis. Mais malheureuſe-«
ment cette épreuve ſuppoſe l'amitié ; & «
quand on aime on juge mal. D'où il «
concluoit qu'il falloit juger dans l'ami-«

» tié naissante, & qu'en cas qu'elle vou-
» lût aller trop loin, il falloit la repri-
» mer comme on reprime un cheval trop
» ardent, parce qu'il y a peu de gens qui
» renoncent à leur intérêt propre com-
» me l'amitié le demande. La nature est
» aussi trop foible pour méprifer la gran-
» deur, & pour ne la pas rechercher aux
» dépens de l'amitié. On ne sçait pas mê-
» me ce que c'est que demeurer attaché à
» son ami lorsqu'il est dans l'adversité,
» & d'être touché pour lui lorsqu'on a la
» fortune favorable. Il faut donc qu'un
» ami soit constant; & pour être constant,
» il faut qu'il soit fidéle. Cette fidélité
» bannit l'artifice & les reproches, & elle
» est fondée fur la conformité de goûts &
» d'inclinations. Il ne faut pas aussi qu'il
» oublie d'être d'un commerce doux &
» aisé. Cela fait assez voir que pour être
» bon ami, il faut être homme de bien.

Lœlius confondant des sociétez de pur
intérêt avec *l'amitié*, trouvoit matiére à
bien des réfléxions fur la conduite des
amis ordinaires. Mais c'est de quoy nous
pouvons bien nous passer. L'important
est de sçavoir ce qui fait l'homme de
bien, puisque le vray ami le suppose. Je
dis que pour le sçavoir, il faut connoître
la voye de la vérité & de la justice; il

faut connoître l'Auteur de tout bien ; il faut ſçavoir quels jugemens on doit porter de lui, & quels mouvemens doivent répondre à ces jugemens : En un mot, il faut ſçavoir adorer Dieu en eſprit & en vérité. Si on le peut apprendre dans Ciceron, je n'ay plus rien à dire ; mais ſi ces connoiſſances n'ont pû nous venir que par Jeſus-Chriſt, il faut demeurer d'accord que nous ne pouvons apprendre que de lui à être de vrais amis.

Lœlius.» Les chevaux neufs ſont pré-«
férez aux vieux, ne faudroit-il point de «
même négliger les vieux amis pour les «
nouveaux ? Point du tout. Le vin vieux «
eſt le meilleur. Les vieux amis ſont auſſi «
les meilleurs. On ne fait ſes preuves «
en amitié, qu'aprés avoir mangé plu-«
ſieurs boiſſeaux de ſel enſemble. Les «
nouvelles amitiez ſont des boutons qui «
promettent du fruit ; mais les anciennes «
ont quelque choſe de plus doux. Quand «
on eſt accoûtumé à un cheval, on le pré-«
fére à un autre qu'on n'a jamais monté. «
On préfére auſſi un païs de bois, de «
montagnes, & de côteaux où l'on a de-«
meuré long-tems, à celui où l'on n'a «
point demeuré.

Je ne croi pas qu'on puiſſe ſérieuſe-
ment lire tout ce diſcours pour s'inſtrui-

re sur l'amitié. Ce langage d'imagination
sur les amitiez vieilles & nouvelles, n'est
qu'un pur amusement. Entre vrais amis
tout se régle sur le mérite : il n'y a rien
d'ancien ni de nouveau dans la Raison
qui les unit. Si on y prend garde, les
comparaisons de Lœlius ne supposent pas
l'homme de bien, mais un esprit inquiet
amateur de la nouveauté : elles tendent à
le fixer par le sentiment, & par conséquent à nourrir des amitiez purement
sensibles qui sont des sources d'erreur &
de préférences injustes.

» Lœlius. » Il ne doit point y avoir de
» plus grand, ni de plus petit entre les a-
» mis. Scipion tout illustre qu'il étoit se
» rendoit égal à ses amis tout inférieurs
» qu'ils lui étoient, & il déféroit beau-
» coup à Quintus Maximus son frere aî-
» né. Il n'y a personne qui ne doive aussi
» élever ses proches & ses parens, quand
» cela leur convient, & qu'il en a le pou-
» voir, à l'exemple de ces Princes qui ont
» été exposez, & qui ayant été reconnus
» pour ce qu'ils sont, rendent heureux
» les Pasteurs qui les ont élevez. Il ne
» faut point avoir de peine de ce que nos
» amis ont plus de mérite que nous, ni
» être de ces gens qui reprochent sans ces-
» se le peu que l'amitié leur a fait faire.

Les plus élevez doivent tendre la main «
à ceux qui le ſont moins, & leur mar- «
quer toute ſorte d'eſtime. Il n'y a d'a- «
mitiez ſolides qu'entre ceux qui ont l'eſ- «
prit meur & formé, celles de la jeuneſſe «
n'entrent point en compte, quoiqu'el- «
les ayent commencé les premieres. Car «
l'ancienneté ne fait rien ici. Il faut por- «
ter patiemment l'abſence de ſon ami «
quand il eſt abſent pour des affaires de «
conſéquence. «

Les amitiez ſenſibles ſont ici confonduës avec les amitiez raiſonnables. On
ne voit que trop de gens comme Scipion
qui n'affectent point de ſupériorité ſur
leurs inférieurs, qui élevent leurs proches & les gens qui leur conviennent,
qui ne reprochent point le bien qu'ils
ont fait, qui s'accommodent à la diſpoſition des affaires de ceux qu'ils appel-
lent leurs amis, & qui pourtant n'agiſſent pas par le vray principe de l'amitié :
ils ne ſuivent la Raiſon qu'autant que les
ſentimens de leur orgueil s'en accommodent. Toutes leurs déférences, tous
leurs ménagemens, tous leurs bien-faits
ne tendent qu'à leur procurer plus de repos & une vie plus éclatante. C'eſt l'a-
mour propre qui ſe ménage des eſprits &
des cœurs pour les tems de diſgrace. On

peut assurer qu'il n'y a point là de vertu, & en même tems que sans la Charité qui est la grande & unique vertu, on ne bannira jamais des amitiez humaines la vaine gloire, l'impatience, la jalousie. C'est donc à la source de la Charité, à Jesus-Christ comme lumiére, à Jesus-Christ comme Sagesse incarnée, qu'il faut rappeller les hommes, si l'on veut qu'ils soient vrais amis.

CHAPITRE XXXV.

Comment la Raison fait les amis. Malheur de ceux qui s'en tiennent au sentiment de Lœlius.

L Oelius aprés les amitiez des Sages vient aux amitiez ordinaires. » C'est » un malheur, dit-il, d'être obligé de » rompre avec ses amis. Dans cette né- » cessité il faut tâcher à découdre plûtôt » qu'à rompre ouvertement, à moins » que le vice qui fait rompre ne demande » une rupture d'éclat. Scipion rompit peu » à peu avec Pompeius & avec Metellus. » Il garda dans cette rupture sa dignité & » sa modération ordinaires. Il ne faut pas » quand on a été amis, en venir aux inju-

res & aux médiſances. Si l'un tombe «
dans cet excés, il faut que l'autre le ſouf- «
fre par reſpect pour l'ancienne amitié. «
On évitera ces inconveniens, ſi on prend «
le tems qu'il faut pour faire un bon «
choix, & ſi l'on ne ſe fait ami que de «
ceux qui ſont dignes d'amitié. Ils ſont «
rares ; car toutes les choſes excellentes «
le ſont. «

On ne peut faire ce bon choix ſans a-
voir la Charité. Scipion en eſt un bon
exemple. Tout grave & modéré qu'il é-
toit, il avoit mal choiſi, parce qu'il ſui-
voit beaucoup plus dans les choix les
mouvemens de la machine ou les inſpi-
rations de l'orgueil, que la Lumiére de la
Raiſon où la Charité nous raméne. Il fut
retenu dans ſa rupture, c'eſt qu'il avoit
honte de ſon erreur : perſonne ne lui
ſçaura gré de s'être ménagé lui-même.

Il faut avoir la Charité pour ſe mettre
au deſſus des impreſſions ſenſibles qui
font la ſource des mauvais choix, & pour
démêler ceux qui agiſſent par un principe ſi divin. Que deux hommes animez
de ce même eſprit ſe rencontrent, quels
ſentimens l'un pour l'autre ! Ils n'ont l'un
& l'autre qu'un même objet, ils ſe ſoû-
mettent aux mêmes régles, ils font tout
leur bonheur de ſuivre l'ordre. Il n'y a

point d'incidens à craindre dans l'union
que de telles difpofitions forment entr'eux : elle eft fondée en raifon & en
vérité. Mais les hommes ne veulent s'u-
nir entr'eux que pour le corps qu'en vûë
des commoditez de la vie, qu'en vûë des
plaifirs fenfibles : & fentant bien que ce
genre d'union eft fujet au caprice, & toûjours fur le point de périr, ils veulent faire par leurs addreffes, ce qui ne peut
être l'ouvrage que de la Sageffe incarnée.

» Lœlius. » Il ne faudroit que rentrer
» en foi-même pour connoître qu'il ne
» faut pas choifir fes amis comme on choi-
» fit les chevaux en vûë de l'utilité qu'on
» en peut retirer. Chacun ne s'aime-t'il
» pas foi-même pour foi-même ? Il faut
» donc aimer fon ami pour lui-même ;
» car un ami eft un autre foi-même. Si
» les oifeaux, les poiffons, tous les ani-
» maux s'aiment eux-mêmes par un fen-
» timent naturel, & cherchent à fe join-
» dre chacun à ceux de fon efpéce, qu'y
» a-t'il de plus naturel à l'homme que de
» s'aimer & de s'unir par l'efprit & par
» le cœur à un autre homme, de manière
» que les deux, pour ainfi dire, ne foient
» plus qu'un ?

C'eft une chofe étrange, que ce langage ne foit pas tombé avec l'ignorance

& les ténébres du Paganiſme : il eſt encore aujourd'hui dans la bouche de bien des Chrétiens. De ce que les bêtes s'uniſſent entr'elles , ils en concluent que les hommes doivent s'unir entr'eux par l'amitié , comme s'ils devoient agir par le même principe que les bêtes. Peuvent-ils s'avilir davantage ? Qu'on diſe comme Lœlius qu'un ami eſt un autre *ſoi-même*, cela peut avoir un bon ſens ; mais de vouloir s'unir à l'homme , de maniére que *de deux cœurs il ne s'en faſſe qu'un* , c'eſt de toutes les diſpoſitions la plus déteſtable ; c'eſt ſe dégrader entierement par la préférence qu'on donne aux créatures. On laiſſe pourtant paſſer cela : & on nous dit que *nous ne ſommes ſi touchez de l'union intime de deux cœurs, que parce qu'elle eſt une image de l'unité d'eſprit qu'il doit y avoir entre Dieu & nous.* Mais je croirois plûtôt que n'étant faits que pour Dieu, nous ne pouvons nous unir aux créatures ſans ſentir des remords ; à moins que les ſentimens de la concupiſcence toûjours flattée par un commerce tout humain, ne l'emportent ſur les reproches les plus preſſans de la Raiſon.

Ce n'eſt pas aux hommes à fabriquer l'union qui doit être entr'eux : il n'appartient de les unir qu'à celui qui répand la lumiére, & qui tourne les cœurs comme il lui plaît. Par lui tous les hommes ne deviennent qu'un, parce qu'offrant à tous le même objet, il donne à tous les mêmes idées & les mêmes desirs.

» Lœlius. » C'est une impudence de
» vouloir que nos amis soient pour nous
» ce que nous ne sommes pas pour eux.
» Il faut commencer par être homme de
» bien, & se faire ensuite un ami qui le
» soit. Il y aura entre deux hommes de
» cette sorte une amitié qui sera exempte
» de ces passions, ausquelles les hommes
» du commun sont sujets, qui n'aura pour
» régle que la justice, & toûjours accom-
» pagnée de respect l'un pour l'autre. Car
» l'amitié nous a été donnée de la nature
» pour nous soûtenir dans la vertu, &
» non pas pour contenter nos passions les
» uns par le moyen des autres. La vertu
» toute seule est impuissante ; mais a-
» vec l'*amitié* elle est capable des grandes
» choses. L'amitié qui a la vertu pour
» fondement, forme une société heureuse
» où se trouve l'honnêteté, la gloire, la
» tranquilité & la joye. Toute autre sorte
» d'amitié est trompeuse. On le connoît
» dans les disgraces. Nous ne pouvons
» donc apporter trop de précaution, quand
» il s'agit du choix le plus important de la
» vie.

Lœlius veut que la vertu ſoit le fondement de l'amitié. Nous le voulons comme lui. Il prétend que la vraye amitié ne
ſe trouve qu'entre gens de bien. Nous
le diſons comme lui. Il parloit de *gens de*
bien & de vertu ſans remonter aux ſour-
ces de la vérité & de la juſtice. Nous ne
voulons pas aller plus loin que lui. Il s'i-
maginoit être juſte pendant qu'il obéïſ-
ſoit aux injuſtices de l'amour propre.
Nous nous trompons comme lui. Il ne
pouvoit ſe détromper. Nos erreurs ſont
volontaires.

Lœlius. » Tout le monde reconnoît «
la néceſſité de l'amitié, & que ce n'eſt «
pas vivre que de vivre ſans amis. Les «
voluptueux mêmes ne ſçauroient s'en «
paſſer. Quelque Myſantrope qu'on ſoit, «
on veut montrer ſa mélancolie à quel- «
qu'un. Au milieu de tous les biens ima- «
ginables l'homme ne peut être content «
dans une ſolitude où il ne verroit jamais «
perſonne : & celui qui du haut du Ciel «
verroit l'Univers dans toute ſa beauté «
s'ennuyeroit bien-tôt, s'il n'avoit per- «
ſonne avec qui s'en entretenir. C'eſt la «
réfléxion d'Architas de Tarente. Il y a «
des plantes qui ne peuvent ſe paſſer «
d'appuy. La Nature eſt de même, il «
faut que l'amitié la ſoûtienne. Mais

nous sommes insensibles à la voix de la Nature.

Quel langage, quelles expressions ! Il y a peu de gens qui ne s'y laissent tromper. On confond la vie sensible avec la vie raisonnable. C'est assez pour demander des amis comme Scipion & Lœlius, & pour ne s'en pouvoir passer. Aprés cela nul mérite, rien de grand, rien de doux sans les amis. C'est de l'Amitié qu'il faut attendre toute sa consolation, toute sa joye, toute sa gloire. Peut-on mieux mettre sa fin dans les hommes ? Peut-on mieux faire pour oublier le principe du bonheur & de la perfection ? Quoy ! foibles & impuissans comme nous sommes, nous nous reposerons sur l'amitié les uns des autres ? nous prendrons pour appuy un bras de chair ? *Sommes-nous sensibles à la voix de la nature,* lors que nous prenons ce parti ? Ou ne violons-nous point la loy la plus essentielle de la nature ?

A quoy pensoit un sçavant homme de demander, *Où sont ceux qui ne s'aiment les uns les autres que pour parvenir à cét heureux état, dont Ciceron nous vient de faire la peinture ?* Cela veut dire que la vertu de Lœlius étoit réelle, & qu'il avoit trouvé le point d'où dépendent le

gloire, la tranquilité, & la joye. Mais
comment étoit-il parvenu à ce point?
N'étoit-ce pas en s'unissant à un autre
homme? Il s'imaginoit être heureux ou
joüir d'un parfait repos sans s'unir à celuy dont il tenoit l'être & la vie. Voilà
une étrange vision, & l'effet le plus sensible de l'ascendant que le Démon avoit
sur l'esprit des Payens. Pourquoy donc
appliquer les hommes toûjours trop pro-
fanes & trop sensibles à la peinture que
fait Lœlius de l'Amitié?

Il est vray, comme le remarque le même Auteur, que *nous avons trouvé le se-
cret de nous passer de la vertu.* Mais
Ciceron sçavoit bien aussi s'en passer, &
il ne peut nous arriver pis devant Dieu,
que de luy ressembler en ce point. Croit-
on ne se pas contredire, lors qu'aprés a-
voir fait valoir sa vertu, on reconnoît
que *les Payens n'étoient pas de bons In-
terprétes de la voix de la nature, puis
qu'elle ne nous crie pas que c'est l'amitié
de quelqu'autre homme qui nous manque,
mais qu'il s'agit de retrouver le bien
infini que nous avons perdu.* C'est là qu'il
en faut demeurer, si l'on veut rendre à
Dieu ce qui n'est dû qu'à lui seul.

CHAPITRE XXXVI.

Lælius est confondu par lui-même, &
par ceux qui admirent ses discours.

LOelius. „ La vérité est inséparable
„ de l'amitié. Il faut avertir ses amis
„ avec douceur, & avec tous les témoi-
„ gnages de tendresse. Mais il faut ban-
„ nir la flatterie. Un honnête homme ne
„ fut jamais flatteur. Celui qui veut qu'on
„ le flatte, est une espéce de Tyran, qui
„ ne revient jamais de ses erreurs. Ca-
„ ton disoit fort bien, que nous sommes
„ plus obligez à nos ennemis déclarez,
„ qu'à des amis trop complaisans ; parce
„ que les premiers nous disent souvent
„ des véritez, & que les autres ne nous
„ en disent jamais. Comment se peut-il
„ faire qu'on soit offensé de la correc-
„ tion, & qu'on ne le soit pas de la fau-
„ te qu'on a faite ? La flatterie fait que
„ celuy qu'on flatte, se complaît en luy-
„ même. Ce n'est pas que la vertu qui
„ sçait combien elle est aimable, puisse
„ s'empêcher de s'aimer. Mais il faut a-
„ voir une vertu solide pour avoir droit
„ de se complaire en soi-même : & ceux

qui

qui aiment la flatterie, sont bien loin «
de la vertu. Enfin c'est la vertu, c'est «
la vertu, encore une fois, qui soûtient «
l'amitié. Et qu'est-ce qu'aimer, sinon «
s'attacher de cœur à quelqu'un à cause «
de lui-même ?   «

La flatterie est pernicieuse. L'ami qui
flatte, & l'ami qui veut être flatté, sont
deux misérables. On peut se complaire
en soy-même, mais c'est quand on a
une vertu solide ; c'est-à-dire, que l'effet
de la solide vertu, est le plus abominable
de tous les vices.

Ceux qui nous prêchent par Ciceron,
avoüent icy que *c'est l'écueil de la Phi-*
losophie Payenne, que de se complaire
en soi-même, & d'y rapporter tout, au
lieu de le rapporter à Dieu. Cette méprise est légére : toute la différence qu'il
y a de l'un à l'autre, c'est de se livrer à
la créature, au lieu d'aller au Créateur.
Ils ajoûtent, que *c'est le mieux qu'on*
puisse faire, quand on est destitué des lu-
miéres de la Religion Chrétienne, & que
par là du moins on est d'accord avec sa
Raison. Mais ils dévroient nous apprendre quel est le grand mal, si ce n'est pas
celuy de ne rien rapporter à Dieu ; & ce
que c'est que suivre la corruption de la
nature, si ce n'est pas de rapporter tout à
foi-même ?   S

Revenant ensuite à eux-mêmes : *Quand on est Chrétien*, disent-ils, *on est bien éloigné de vouloir joüir du plaisir de penser qu'on a de la vertu ; parce que ce seroit se complaire dans sa propre excellence, & que ce sentiment d'orgueil détruiroit tout ce qu'on pourroit avoir.* C'est donc un sentiment d'orgueil de penser qu'on a de la vertu. Nôtre propre raison ne nous inspire donc que de l'orgueil. Les Payens qui la suivoient, étoient donc des orgueilleux ; car ils n'étoient pas d'une autre nature que nous. C'étoit le mieux qu'ils pûssent faire. Mais ce n'est pas là mon soin. Il me suffit de sçavoir que leur vertu n'étoit qu'un grand orgueil, & que par conséquent ils ne pouvoient être que des maîtres d'erreur.

On veut pourtant que la vérité eût formé l'union de Scipion & de Lœlius. *Il n'y a*, dit-on, *que la vérité qui soit une. Il n'y a point d'unité où il n'y a point de vérité.* Mais je dis : Il n'y a point de vérité où domine la cupidité. Sans vérité point d'unité ; sans unité point d'amitié. Donc Scipion & Lœlius étoient à plaindre dans leur union : il n'y avoit entr'eux qu'un phantôme d'amitié, l'ouvrage de la chair & du sang, l'ennemi de l'Esprit qui anime les vrais Chrétiens.

CHAPITRE XXXVII.

Aveuglement du vieux Caton. Le faux.
de ſes diſcours. Le malheur des
vieillards qui luy reſſemblent.

LA vie paſſe comme un torrent. Tous
les momens qui la compoſent, ſe
réüniſſent, pour ainſi dire, dans le dernier, & tout dépend de celuy-là. C'eſt
donc auſſi celuy qu'on doit avoir en vûë,
& aux approches duquel on doit redou-
bler la vigilance & l'action. Je ne ſçai ſi
Ciceron l'entendoit ainſi : mais il nous
apprend qu'il avoit pris un plaiſir extrême à écrire de la *Vieilleſſe* ; & le premier
fruit qu'il fait tirer au vieux Caton de ſa
conſolante Philoſophie, c'eſt d'être per-
ſuadé qu'il tire de luy-même tous les
biens qui font le bonheur de la vie humaine.

On peut juger combien cette maxime
étoit fauſſe dans le Paganiſme, puiſque
même elle ne peut être vêritable dans
la Religion Chrétienne. En voicy la
preuve.

Nous n'avons ni mouvement, ni idées,
ni volonté, que par l'action continuelle

du Créateur en nous. Cela est démonstra-
tif. Sans la délectation céleste, nous ne
sçaurions vaincre les sentimens de la concupiscence. C'est le dernier aveuglement
que de ne le pas sentir. Et quand il seroit
vrai en tous sens, que la Religion qui n'est
qu'un crucifiement perpétuel de tous nos
désirs, changeroit nos maux en biens, il
n'en seroit pas moins vray que nous ne
pouvons tirer de nous-mêmes, que le
peché & le mensonge.

Comment le vieux Caton pouvoit-il
donc se persuader qu'il tiroit son bonheur
de luy-même ? *Il ne trouvoit rien*, dit-
il, *de fâcheux dans la vieillesse , parce
qu'elle est de l'ordre de la nature.* Il est
vray qu'un homme sage porte patiemment les infirmitez attachées à la condition humaine , & ne songe dans tous les
temps qu'à gagner sa Patrie. Mais il ne
prétendra jamais que par cette raison la
vieillesse soit éxempte d'infirmitez ; &
je ne sçay pourquoy quelques Auteurs
prétendent que *la nature fait une espéce
de Traité avec nous quand nous venons
au monde, & que la vieillesse étant une
des conditions de ce Traité, nous devons
nous y soûmettre.* Si la vieillesse succéde
à la jeunesse, n'est-ce pas par une suite
des loix naturelles ? Et ces loix sont-elles

autre choſe que la volonté toûjours agiſſante du Créateur , qui a diſpoſé avec
une ſouveraine ſageſſe tous les temps de
la vie ? Y a-t'il là quelque apparence de
contract ou de traité ?

Caton ſe mocque de ces Vieillards ,
leſquels aprés avoir ſouhaité la vieilleſſe ,
ſe plaignent de ce qu'elle eſt plûtôt ve-
nuë qu'ils ne penſoient. *Qui les obligeoit,*
dit-il , *de penſer mal ?* Mais pourquoy
Caton ſe fait-il une objection imaginaire ? Quand un amateur des plaiſirs déſire
la vieilleſſe , c'eſt qu'il veut vivre longtemps : & quand il ſe plaint de ce qu'-
elle vient trop tôt , c'eſt qu'il craint de
ceſſer bien-tôt de vivre. Il compte pour
rien le paſſé , il ne ſent que le préſent :
il trouve une extrême différence de l'état
de vieillard à celuy de jeune homme.
Voilà de quoy il ſe plaint. Il voudroit vivre toûjours , & ne point vieillir. Il n'a
guéres de raiſon , mais il ne ſe contredit
pas.

Caton ne reſſemble pas à ces gens
qui trouvent la vieilleſſe fâcheuſe. *Car il*
eſt fidelle , dit-il , *à ſuivre la nature.*
Comme ſi la nature n'alloit pas toûjours
ſon train auſſi-bien pour luy que pour le
reſte des hommes. *Elle ne fait pas ,* dit-
il , *comme ces Poëtes languiſſans , dont*

les piéces se démentent toûjours au dernier acte. N'en déplaise à Caton, la vieillesse passera toûjours pour le plus mauvais acte de la vie présente considérée en elle-même, & sans rapport à la vie future.

Si rien n'est plus à craindre que *la condition de ces vieillards en qui les goûts de la jeunesse subsistent dans toute leur vivacité malgré l'impuissance où ils sont de se satisfaire* ; comment l'Auteur de cette remarque a-t'il pû croire que la vieillesse ne soit pas pour eux le plus mauvais acte de la piéce ?

En effet, à moins que l'homme n'ait combattu ses passions dans sa jeunesse, la vieillesse ne peut être que désespérante pour luy. Les regrets du passé, la langueur du présent, l'incertitude sur l'avenir se joignent dans son esprit pour l'accabler : Et quand il a combattu généreusement ses passions, a-t'il besoin d'un Orateur qui luy réprésente les avantages de la vieillesse ? C'est le temps le plus doux pour cet homme. Mais s'il le désire, ce n'est pas pour joüir plus longtemps d'une vie qui n'a que des peines & des travaux. C'est pour avoir quelque relâche dans un combat, où il est toûjours en danger de succomber par sa foiblesse naturelle. Etoit-ce par ce principe que Scipion & Lœlius désiroient parvenir à la vieillesse, de laquelle néanmoins ils craignoient si fort d'être incommodez? On en peut juger sur le discours que leur en fait Caton. Il leur remontre que la vieillesse n'attire point ce mépris dont quelques-uns se plaignent; & que quand elle éloigneroit la volupté, ce ne seroit pas un mal. D'où il conclud que la vieillesse n'est point fâcheuse pour ceux qui se soûmettent volontiers aux loix de la nature. Le vieillard de Caton est donc un homme qui a l'amour des honneurs & des plaisirs. C'est un beau modéle pour les vieillards. Caton pour le maintenir dans cette disposition, prouve par l'éxemple de Fabius, de Platon, d'Isocrate, d'Ennius, que les vieillards sont en considération; & attribuant à beaucoup de vertu ce qui n'est qu'un reste de vigueur purement corporelle, il confond le désir de la volupté trop commune dans les vieillards avec la volupté où ils ne peuvent atteindre, comme si le désir n'étoit pas ce qui tient un cœur dans l'esclavage, & ce qui le rend malheureux.

Il faut entendre, aprés cela, Caton faire valoir ce beau mot de Themistocles, qui disoit à un homme de Scriphe :

Quand vous seriez né à Athénes, vôtre nom n'en seroit pas plus célébre qu'il est; pour montrer que lors qu'on a de la vertu, la vieillesse ne manque point des choses qui la rendent supportable ; c'est-à-dire, de rang & de considération. Ce sont les fruits de la vertu, parmi lesquels il compte principalement la joye que produit le souvenir du bien que l'on a fait.

Ainsi ce qui fait la satisfaction des Vieillards, ce n'est point de se sentir soulagez du poids de la concupiscence ; ce n'est point de n'avoir plus de si grands engagemens avec un monde tout corrompu ; ce n'est point d'avoir plus de loisir pour penser à l'Eternité, pour gémir de leurs fautes passées ; ce n'est point de trouver dans leur âge même de quoi satisfaire à la justice de Dieu : c'est de se souvenir du bien qu'ils ont fait : c'est de s'occuper de la gloire qu'ils ont acquise, & de recevoir toûjours les honneurs accoûtumez.

Gorgias en étoit là quand il disoit, qu'il n'avoit nul sujet de se plaindre de la vieillesse : il vouloit dire apparemment qu'il avoit si bien rempli sa vie, que nul sujet de satisfaction ne lui manquoit. Ennius étoit dans le même principe

cipe : il ſe comparoit à un excellent cheval, qui aprés s'être ſignalé durant pluſieurs années dans les combats, ſe re-
poſe dans la gloire qu'il a acquiſe.

Tout cela eſt digne de ceux qui prétendent tirer d'eux-mêmes tous les biens qui
font le vrai bonheur de l'homme. Mais
ſont-ce là les penſés de ceux qui croyent
n'avoir d'eux-mêmes que le peché & le
menſonge, qui ſe croyent indignes de
tout, qui ſçavent combien leurs meilleures œuvres ſont imparfaites, & qui craignent de tomber entre les mains du
juſte Juge ? Si nous connoiſſions nôtre
état, ſi nous étions raiſonnables, pour-
rions-nous lire ſans indignation, le langage de Gorgias, d'Ennius & de Caton ?

CHAPITRE XXXVIII.

*Le premier avantage de la vieilleſſe de
Caton, eſt directement oppoſé à l'eſprit
du Chriſtianiſme.*

CAton a trop bien commencé. Il faut
qu'il tire de ſa ſublime Philoſophie
tout ce qui doit faire eſtimer la vieilleſſe : & il va ſi bien faire, qu'il fera voir,
1. Que ce dernier tems de la vie ne rend

T

point les hommes incapables d'affaires :
2. Qu'il n'affoiblit point le corps :
3. Qu'il ne bannit point les plaisirs :
4 Que pour être voisin de la mort, il
n'en est pas plus mauvais.

„ Fabius Maximus , Paul Æmile , Fa-
„ brice, Appius, Caton lui - même, é-
„ toient des vieillards, & ils soûtenoient
„ la République par leurs conseils & par
„ leur autorité. Un vieillard n'oublie
„ point le lieu où il a caché son trésor :
„ preuve suffisante que les vieillards ne
„ manquent point de memoire, Themistocles avoit appris les noms de tous les
„ Citoyens d'Athenes , & je sçay aussi ,
„ dit Caton , les noms de tous les nôtres.
„ Quelle force d'esprit n'avoit pas So-
„ phocles , qui composa des Tragédies
„ dans sa vieillesse ! Ses enfans le vou-
„ loient faire faire interdire ; mais la Tra-
„ gédie d'Oedipe qu'il venoit d'achever,
„ fut une bonne preuve qu'il n'avoit pas
„ perdu l'esprit. Un Homére, un Hésio-
„ de , un Simonides , un Stésicore, un
„ Pythagore, un Démocrite, un Platon ,
„ un Zénon, un Cléanthe , un Diogéne ,
„ n'étoient-ils pas aussi de bonnes têtes ?
„ Et pour être vieux en travailloient-ils
„ moins ? On voit aussi dans ces Citoyens
„ Romains qui s'appliquent au ménage

de la campagne, combien la vieilleſſe «
eſt agiſſante & appliquée. Ils donnent «
& font éxécuter des ordres pour les «
ſemailles & les recoltes ; & non ſeule- «
ment ils travaillent pour eux-mêmes, «
ils plantent encore pour les ſiécles à «
venir. Cœcilius a eu tort de dire que «
la vieilleſſe nous fait voir bien des cho- «
ſes que nous voudrions ne point voir, «
& que les vieillards ſont à charge aux «
autres. Le premier inconvénient eſt «
commun aux jeunes gens & aux vieil- «
lards. Le ſecond ne ſe trouve point «
dans la vieilleſſe. Les jeunes gens bien «
nez recherchent les vieillards, & ſe «
plaiſent avec eux. On peut toûjours «
apprendre avec la vieilleſſe : & les vieil- «
lards eux-mêmes apprennent tous les «
jours quelque choſe. Témoin Solon : «
témoin Caton lui-même qui venoit «
d'apprendre le Grec, & qui auroit «
bien voulu en faire autant que Socrate : «
qui ſur le déclin de l'âge avoit appris «
à joüer des inſtrumens. *Donc la vielleſſe* «
ne rend point les hommes incapables «
d'affaires. «

Je veux que les vieillards ſoient encore propres aux affaires, qu'ils ayent
toute la vivacité du jeune âge, & la mémoire excellente ; ſont-ce là des biens à

propoſer à des Chrétiens, ou à des gens
qui ne doivent vivre que pour le monde ? Ne doit-on point plûtôt marquer
aux prémiers le danger où ces biens
nous expoſent, la vanité de la mémoire,
la petiteſſe de tout ce qu'on appelle
affaires du monde ; & que ſi la vieilleſſe
en eſt privée , comme on le voit communément , c'eſt un effet ſenſible de la
bonté & de la ſageſſe du Créateur ; c'eſt
afin qu'elle s'occupe de l'unique affaire
importante , & qu'elle ne ſe rempliſſe
que des penſées de l'Eternité.

Je croy, comme Caton , qu'il eſt a-
vantageux aux jeunes gens de faire ſocieté avec les vieillards. C'eſt à ceux
qui ont beaucoup d'expérience à inſtruire ceux qui n'en ont pas. Un vieillard
peut marquer à un jeune homme les
écueils qu'on rencontre dans le cours de
la vie ; il peut luy marquer où nous ménent les paſſions , & des moyens pour
ſe défendre de leurs attraits ; il peut luy
apprendre ce que peut le monde , & à
quoy aboutiſſent ſes carreſſes & ſes ri-
gueurs. Mais le vieillard & le jeune
homme ſont également dignes de com-
paſſion ; ſi l'un ne cherche point à ſe
connoître , ny à découvrir les reſſorts du
monde où il habite ; & ſi l'autre ne

s'entretient que de Poësies , de visions
des Philosophes , des noms de ses Citoyens ; & ne luy donne que le goût des
honneurs de la Terre. C'est pourtant, il
faut l'avoüer, ce qu'on peut attendre de
mieux d'un vieillard , qui se souvient
toûjours de son Trésor, & du lieu où il
l'a caché.

CHAPITRE XXXIX.

Caton dans sa vieillesse étoit plus foible
par l'esprit , que par le corps.

CAton. « Il n'est pas étrange qu'un «
jeune homme n'ait pas la force «
d'un taureau ou d'un éléphant. Il n'est «
donc pas étrange aussi qu'un vieillard «
n'ait pas celle d'un jeune homme. «
Quelle pitié d'entendre un Milon de «
Crotone regretter , comme tout son «
mérite , la force & la vigueur de ses «
bras ! Un Ælius, un Coruncanus, un «
Crassus , ces lumiéres de leur temps, «
n'auroient eu garde de faire de sem- «
blables plaintes. Les vieillards mêmes «
quoy qu'ils n'ayent pas tant de force «
dans les poûmons , ne laissent pas «
d'être Orateurs. Ils ne sont pas véhé- «

» mens, mais il y a de la douceur dans
» ce qu'ils disent, & ils ont la voix clai-
» re & sonore. Quand ils cesseroient
» d'être Orateurs , ils sont toûjours en
» état de dresser les jeunes gens à l'Elo-
» quence. Quelle comparaison de ce ta-
» lent à la force d'un Athléte ? N'est-on
» pas heureux, quelque vieux qu'on soit,
» quand on est regardé comme Maître,
» & qu'on est entouré de jeunes Audi-
» teurs , comme une source de science &
» de vertu ? S'il y a des vieillards qui se
» sentent affoiblis, qu'ils s'en prennent
» à l'intempérance de leur jeunesse. Le
» grand Cyrus & Métellus n'avoient rien
» perdu de leurs forces en vieillissant.
» Nestor , cet homme dont les paroles
» étoient toutes de miel , avoit peut-être
» perdu des siennes : mais il étoit tel,
» qu'Agamemnon ne vouloit que dix
» hommes comme lui pour prendre bien-
» tôt la Ville de Troye. Moy-même,
» pour me servir du privilége des Vieil-
» lards , je parle & j'agis encore à 84.
» ans , en homme qui a toutes ses for-
» ces. Je n'approuve pas le proverbe
» qui dit , que pour être vieux long-
» temps , il faut commencer de bonne
» heure à l'être. Il faut vieillir, mais il
» ne faut point être vieux. N'aimeriez-

vous pas mieux avoir la force d'eſprit «
de Pythagore, que la force du corps «
de ce Milon, qui aux Jeux Olympiques «
porta ſur ſes épaules un bœuf tout en «
vie ? Je ſuis ſeur que vous ne vous don- «
neriez pas ni l'un ny l'autre pour le «
Centenier Pontius, quoi qu'il ait plus «
de force que vous. Par l'éxercice & la «
tempérance, Maſſiniſſa âgé de 80. ans, «
avoit conſervé ſa premiére vigueur. «
Tous les vieillards ſe peuvent ſervir du «
même moyen. Mais aprés tout, on ne «
leur demande point tant de force cor- «
porelle : Ils en ont toûjours aſſez pour «
les fonctions qui leur ſont propres ; «
& s'ils en manquent à cet égard, ce «
n'eſt pas à l'âge qu'il s'en faut pren- «
dre, c'eſt à la mauvaiſe ſanté dont les «
jeunes gens ne ſont pas plus exempts «
que les vieillards. On dit que les vieil- «
lards radotent. Ce ſont donc les vieil- «
lards de peu d'eſprit, ou qui s'aban- «
donnent à la pareſſe. Ceux qui exer- «
cent leur eſprit, & qui font tout ce «
qu'il faut faire pour conſerver leur ſan- «
té, ne radotent pas. Appius & Caton «
luy-même en ſont de beaux exemples. «
L'un étoit craint, reſpecté & aimé par «
l'uſage continuel qu'il faiſoit de ſon «
eſprit : l'autre écrivoit du droit des Au- «

„ gures & des Pontifes, lifoit les Livres
„ Grecs, exerçoit fa mémoire, opinoit
„ dans le Sénat, & y traittoit des plus
„ grandes matiéres. Par là il s'éxemptoit
„ de la dépendance, & il fe faifoit ren-
„ dre tout ce qui luy étoit dû. *Donc la*
„ *vieilleſſe n'affoiblit point le corps.*

On prétend dédommager le vieillard
de la force du corps par celle de l'efprit.
Mais que donne-t'on pour objet à cette
force d'efprit? Des affaires temporelles,
ce qui n'eft que le fruit du tumulte des
paffions; des occupations ftériles dont il
ne refte rien à la mort. Déplorable condition, où l'on n'a pas d'autres vûës!
Funefte force d'efprit, qui fe borne à
cet objet! Ne le fera-t'on jamais fentir
affez vivement aux hommes, pour leur
apprendre du moins à donner les derniers jours de leur vie à la méditation
de *l'unique néceſſaire*, des biens auf-
quels ils n'ont jamais penfé, & qui font
feuls dignes de leurs penfées?

Caton veut que les vieillards qui fe
fentent affoiblis, *s'en prennent à l'in-*
tempérance de leur jeuneſſe. Mais quelle
intempérance, quelle yvreffe eft égale
à celle d'un homme qui s'applaudit, &
qui s'admire dans le temps qu'il a le
plus fujet de s'humilier, qui fe répand

tout au dehors, & dans des amusemens
pueriles, dans un temps où il ne sçauroit trop demeurer en luy-même, pour
se préparer à paroître devant son Juge?

Caton prétend encore que son vieillard ne *radote* pas. Mais peut-on rado-
ter davantage, que d'employer le dernier temps de la vie à étudier le Grec,
& à apprendre la Musique? Y a-t'il un
délire plus mortel que celuy d'être toûjours occupé de son crédit, de ses honneurs, de ses talens, du soin de se faire
admirer? N'est-ce pas le dernier aveuglement d'en être encore là, dans le
temps même qu'on songe à quitter la
vie?

CHAPITRE XL.

La vieillesse de Caton étoit toute sensuelle.

CAton. » Architas de Tarente a fort «
bien montré que la volupté est le «
poison de l'esprit. Fabrice, Curius & «
Coruncanus souhaitoient que les Sam- «
nites & Pyrrhus entrassent dans le sen- «
timent du Philosophe, qui prétendoit «
que la volupté devoit être la fin de «

» toutes nos actions ; dautant qu'on se
» laisse bien-tôt vaincre , quand on est
» prévenu de cette maxime. Décius se
» dévoüa pour la République. Marque
» certaine qu'il envisageoit quelque cho-
» se de préferable à la volupté. . . . Si
» les vieillards n'ont pas le plaisir des
» festins, ils n'ont pas les incommodi-
» tez qui en font les suites , les indi-
» gestions, l'insomnie. Mais aprés tout,
» la vieillesse a ses plaisirs. Duillius est
» souvent revenu de souper avec ses a-
» mis, au son des flûtes. Caton luy-mê-
» me, étoit de ses Confréres qui fai-
» soient réglément des Festins , quoy
» qu'il y assistât plûtôt pour le plaisir de
» la conversation , que pour celuy de
» boire & de manger. Il étoit si sensible
» à ce plaisir, que tout vieux qu'il étoit,
» il alloit boire avec de jeunes gens ;
» qu'il commençoit de bonne heure , &
» qu'il ne finissoit qu'assez avant dans la
» nuit. C'étoit ainsi qu'il en usoit tous
» les jours dans sa Maison de campagne,
» au païs des Sabins. Il mangeoit l'Eté
» au frais, & l'hyver auprés du feu; ai-
» mant toutes les cérémonies qui se pra-
» tiquoient alors dans les Festins. Mais
» il ne vouloit, suivant l'avis de Xeno-
» phon, que de ces petits verres qui ne

sont qu'arroser le gosier.... Voyez si «
l'Orateur Ambivius Turpio ne fait pas «
plaisir à ceux qui l'entendent du der- «
nier rang. C'est ainsi que la vieillesse, «
quoy qu'éloignée des plaisirs, ne laisse «
pas de les sentir. Mais il faut avoüer «
que rien n'est comparable aux délices «
de l'Esprit, qui sont le partage des «
vieillards. Le plaisir de l'Astronomie «
ne sembloit-il pas être reservé à Gallus «
dans sa vieillesse ? Celuy des Poëmes «
& des Comédies à Nævius ? Celuy de «
l'étude du Droit Civil & Pontifical à «
Crassus & à Scipion ? Celuy de l'Elo- «
quence à Cethégus, ce grand homme «
qu'Ennius appelle *la moëlle de l'Elo-* «
quence ?.... Les vieillards ont le plai- «
sir de l'Agriculture. Curius le vainqueur «
de Pyrrhus, des Sabins & des Sam- «
nites, voulut finir sa vie dans les tra- «
vaux de la campagne. Cincinnatus te- «
noit la charuë, lors qu'on luy annonça «
qu'il étoit Dictateur. Quel plaisir de «
demeurer en repos dans sa Maison des «
champs, au milieu de tous les biens «
que le bon ménage produit. On a du «
vin, de l'huile, des chévreaux, des «
agneaux, des cochons, de la volaille, «
du lait, du fromage, du miel; & on «
joüit de toutes les beautez, & de tous «

» les agréemens de la nature. Cyrus le
» jeune, montrant à Lysander Lacédémo-
» nien, les arbres d'un grand Parc bien
» propre & bien entretenu, luy dit qu'il
» les avoit tous plantez de sa main. Ly-
» sander en fut charmé. Valerius Corvus
» a eu la même inclination. *Donc la vieil-*
lesse a ses plaisirs.

Voilà donc les vieillards parfaitement
établis dans le plaisir. Ils ne le goûtent
pas dans toute sa vivacité comme les jeunes gens. Mais c'est n'en prendre que
ce qu'il a de grossier. Sa délicatesse, ses
agréemens, sa spiritualité, sont leur partage. Il n'y a donc pas jusqu'aux voluptez corporelles qu'on ne sçache spiritua-
liser. A force de jeux d'imagination, de
Poësies & d'éloquence, on en vient à
bout ; & ainsi spiritualisées, elles font
plus la satisfaction de l'ame, qu'elles ne
font, étant toutes cruës, la satisfaction
du corps.

Caton en est garant ; & sur un si beau
principe, *il ne désiroit point cette poin-*
te qu'a le plaisir : semblable à Sophocles,
qui sur le déclin de l'âge ne vouloit plus
du commerce des femmes, parce qu'il en
étoit rassasié. C'est-à-dire, que la volupté avoit quitté le corps de Sophocles,
pour se changer en plaisirs de l'Esprit ;

& que par la même transformation les
vieillards ont l'ame contente. Faut-il
que des Chrétiens ſe repaiſſent encore
de ces vaines imaginations, & que ſous
ces impoſtures qu'ils ſe font à eux-mêmes, ils portent dans le tombeau l'attachement aux plaiſirs ſenſibles ? Ne fe-
roit-on point mieux, en leur parlant de
la vieilleſſe, de leur en faire voir les a-
vantages, par l'impuiſſance où le corps
ſe trouve d'interrompre l'eſprit, & de le
détourner des délices que Dieu prépare
à ceux qui s'occupent de luy ? Quel opprobre à des hommes régénérez en Jeſus-Chriſt, de n'avoir point d'autre reſ-
ſource que les Payens ; de ſe borner à
leurs idées, & à leurs ſentimens !

On trouve incomparables les deſcrip-
tions que fait Ciceron, de l'Agriculture
& des faux charmes de la volupté. Mais
où nous ménent ces beaux diſcours ? A
quoy revient ce qu'il dit ſur la volupté,
luy qui en vouloit goûter le fin & la dé-
licateſſe ? Que nous ſert de ſçavoir tirer
des fleurs & des fruits de la Terre, ſi
nous ignorons ce que nous ſommes, &
ſi nous ne connoiſſons pas la main qui
orne les lys, & qui donne l'abondance ?
Quand Curius répondit aux Samnites,
qu'il ne vouloit point d'or: mais qu'il

vouloit commander à ceux qui ont de l'or. Fit-il voir qu'il fe connoiffoit ? Et n'auroit-il point paru plus fage , s'il fe fût contenté de répondre, qu'il ne vouloit que cultiver fon jardin?

CHAPITRE XLI.

Le vieux Caton parloit de la mort comme un infenfé.

« C Aton. » Malheureux celuy qui eft » parvenu à la vieilleffe , fans avoir » appris à méprifer la mort ? Si l'ame » meurt , la mort eft méprifable : & fi » l'ame ne meurt pas , on doit fouhait- » ter la mort. Les jeunes gens ne font- » ils pas fujets à la mort, auffi-bien que » les vieillards? La jeuneffe eft même fu- » jette à beaucoup plus d'accidens. Et » c'eft cela qui fait la difette des vieil- » lards fi utiles dans la vie. De plus, les » vieillards poffédent ce que défirent les » jeunes gens, c'eft-à-dire, la vieilleffe. » Mais tout ce qui fe paffe , peut-il paf- » fer pour long ? Quelque longue qu'ait » été la vie , elle eft toute comprife dans » le dernier moment. L'ordre de la na- » ture ne demande-t'il pas qu'on meure,

quand on eſt vieux ? Il eſt bien plus «
doux de mourir alors, que dans la jeu- «
neſſe, où l'on eſt arraché de la vie com- «
me un fruit qui n'eſt pas encore au «
point de ſa maturité.

Cette penſée étoit ſi conſolante pour
Caton, qu'à méſure que ſa vie finiſſoit,
il luy ſembloit qu'il s'approchoit du port.
Il ſe regardoit auſſi » comme un vieux «
bâtiment, que la nature elle-même dé- «
moliſſoit avec plus de facilité qu'elle «
n'auroit fait un nouveau, qui a encore «
toute ſa ſolidité. Puis qu'il faut mou- «
rir, & qu'il n'y a pas un moment au- «
quel la mort ne puiſſe arriver, c'eſt «
vouloir vivre ſans repos, que de crain- «
dre ce dont on eſt ſans ceſſe ménacé. Ce «
ſeroit une honte à des vieillards pleins «
de mérite & de lumiere, de craindre «
la mort que de ſimples ſoldats mépri- «
ſent. *Donc il ne faut pas reprocher à* «
la vieilleſſe, qu'elle ſoit voiſine de la «
mort. «

Caton étoit un homme rare. Il liſoit
les Livres Grecs, il travailloit au grand
Ouvrage *des Origines* : il regardoit le
moment de la mort comme le plus heureux de la vie; & *il bûvoit tous les jours*
avec des Confreres juſques bien avant
dans la nuit. Cela étoit d'une ame fe-

me. Mais sur quel fondement méprisoit-
il la mort? Si un Soldat, faute d'éduca-
tion & de lumiére, la méprise; un homme sage la doit-il mépriser ? Que de
différence entre mépriser la vie, & apprehender la mort ! Un homme raisonnable méprise la vie, parce qu'il n'y voit
rien que de méprisable; & il frémit aux
approches de la mort, parce qu'il sent
ses imperfections, parce qu'il pressent
les recherches d'un Juge rigoureux ;
parce qu'il apperçoit un moment décisif,
& le commencement d'une heureuse ou
malheureuse éternité. Est-ce pour faire
naître ces pensées qu'on étale les grands
sentimens de Caton ? Quand les hommes renonceront-ils aux dissipations de
la vie, & aux plaisirs sensibles, s'ils n'y
renoncent pas dans la vieillesse ? Quand
auront-ils cette crainte qui opére le salut,
s'ils ne l'ont pas dans le dernier temps
de la vie ?

A regarder même la mort sans rapport aux jugemens de Dieu, peut-on penser sans horreur à cette destruction to-
tale de nôtre être qu'elle nous présente,
ou à cette solitude éternelle, dont elle
est la suite dans les ténébres d'un tombeau ? Mais que ces objets soient fan-
tastiques, y a-t'il rien de plus terrible

que

que la mort pour un cœur épris de l'amour des plaiſirs, ou de la gloire ; que la mort, dis-je, qui enleve tous les plaiſirs & toute la gloire du monde ? Il faut donc convenir que la fermeté Catonique n'eſt qu'une vaine oſtentation, ou une brutalité.

Caton dans ſa vertu ſe propoſoit de *l'autorité*, de *la conſidération*, *d'être ſalué*, *d'être recherché*, de *recevoir des viſites*, d'avoir *la prémiére place*, d'être *accompagné*, d'être *conſulté*, & pour comble de bonheur, de ne point mourir dans la mémoire des hommes, & d'être loüé & admiré dans tous les ſiécles. Il ne faut donc pas s'étonner ſi dans une ſi prodigieuſe ignorance de lui-même & des vrais biens, il parle avec le même aveuglement ſur la vie & ſur la mort. Mais l'orgueil a beau ſe déchaîner, la vie ſera toûjours environnée de ténébres & de miſéres : l'homme ne tirera jamais de ſon propre fond aucun bien ; & la mort ſera toûjours le moment où les vaines idées & les vains déſirs périront. Il faut que le ſupérbe faſſe une fois à la face de toute la Terre, une réparation éclatante à la Majeſté Divine : la mort eſt deſtinée à le confondre ; & s'il affecte la conſtance, c'eſt alors que

V

la nécessité de céder & de disparoître redouble sa confusion.

CHAPITRE XLII.

On deshonore la Religion, en voulant que Cicéron parle pour elle.

COmme des Chrétiens ne peuvent pas adopter la Morale d'un Payen, sans trouver de la conformité entre ses sentimens & la Religion Chrétienne, il n'y a rien que les admirateurs de Ciceron ne tentent pour l'accorder avec leur foy: Parce que Cicéron dit que *Décius fit voir, en se dévoüant, qu'il étoit bien persuadé qu'il y a quelque chose de grand & d'estimable par soi-même, que les gens de bien préférent à la volupté.* On pré-
» tend que » la vertu toute seule, telle
» que les Payens la concevoient, c'est-
» à-dire, sans aucun rapport à Dieu, les
» a touchez jusqu'au point de leur faire
» mépriser les plaisirs, les biens, les
» honneurs, & la vie même; comme si
» la vertu consistoit en autre chose que
dans le renoncement à soi-même; comme si ce qui n'étoit l'effet que d'un pur
désir de gloire & de distinction, pouvoit

être une vertu ; comme ſi la vertu ſe trouvoit où l'on ne rapporte rien à Dieu ; comme ſi c'étoit une vertu de ne reſiſter à une paſſion, que pour en ſuivre une autre.

Parce que Ciceron dit, *qu'il n'y a point de plaiſir comparable à la conſidération qu'on tire de la vertu* ; on veut qu'il ait voulu dire » que la conſidéra- « tion qui vient d'ailleuts, eſt encore « plus frivole que les plaiſirs; comme ſi « tout ce qui nous vient de la part des hommes, n'étoit pas *frivole*; comme ſi les honneurs qu'ils rendent, ne périſſoient pas avec eux ; comme ſi une vertu réelle pouvoit ſe borner à une recompenſe ſi *frivole. Ne ſe propoſer que la gloire du monde, & s'imaginer que cette gloire fait encore plaiſir aprés la mort* ; ſont-ce les fruits d'un cœur droit, & d'un eſprit éclairé ? On convient pourtant que les Payens en étoient là : *Ils vouloient quelquefois*, dit-on, *qu'on recherchât la vertu pour elle-même ; mais ils l'oublioient, & l'habitude les emportoit.* Aſſurément ils n'oublioient rien en cela. Quand ils en vouloient à la vertu pour elle-même, c'étoit pour trouver plus ſûrement la gloire dont ils étoient avides ; & l'amour qu'ils avoient pour

eux-mêmes , n'en étoit que plus vivant.

Si Ciceron dit, *que rien ne luy paroît
plus heureux qu'un vieillard qui eft toûjours en grande confidération , & à qui
on ne peut reprocher d'avoir échoüé au
dernier acte ;* on en fait auffi-tôt une
maxime femblable à celle de Solon, qui
difoit à Cræfus, que *pour juger de la vie
des hommes , il faut voir quelle en fera
la fin.* Parce qu'on ne veut pas voir que
la penfée de Solon étoit, que le bonheur
ne fe mefurant que fur le temps préfent,
c'eft du dernier moment de la vie que
dépend le bonheur ; & que Ciceron a-
voit pour principe de mefurer fon bonheur par la durée de l'eftime des hommes.

Parce que Ciceron s'écrie : *O que malheureux font les hommes, qui ont vieilli
fans avoir appris à méprifer la mort !*
On nous fait remarquer que » les Payens
» penfoient du moins à la mort par une
» fermeté Philofophique : mais que pour
» nous, nous n'y penfons non plus que
» fi nous étions affûrez de ne point mourir : comme fi la fermeté Philofophique
n'étoit pas auffi déteftable, que le fouvenir de la mort eft falutaire.

Parce que Ciceron dit, que *nos ames*

ſont des éxilées , que nos corps ſont de
triſtes priſons pour elles , & qu'elles n'y
ont été enfermées qu'afin qu'il y euſt des
ſpectateurs de l'Univers, mais des ſpectateurs qui exprimaſſent par leur conduite
le bel ordre de la nature ; on prétend
qu'un Chrétien n'auroit pas mieux dit, «
& que c'eſt dire en d'autres termes qu'il «
eſt de l'ordre que l'homme ſoit ſaint. «
Mais eſt-il d'un Chrétien de croire que
les ames ſont en éxil dans les corps,
c'eſt à dire qu'elles ont fait des crimes
avant que d'être unies aux Corps. Car il
falloit que Ciceron l'entendiſt ainſi, lui
qui ne reconnoiſſoit point de corruption
dans la Nature ? Eſt-il d'un Chrétien de
prendre pour modele de ſa vie le cours
réglé des cauſes Phyſiques ? Non ſans
doute. Car même peu aprés on demeure
d'accord , que *c'eſt la ſainteté de l'Au-*
teur de la Nature, que nous devons nous
propoſer pour modele. D'où il ſuit néceſſairement qu'on eſt profane, quand on fait
ſon modele du cours réglé des corps cé-
leſtes.

Si Ciceron dit, *qu'il faut mépriſer*
la mort, ſi l'ame meurt, avec le corps,
& qu'il la faut déſirer ſi l'ame eſt immor-
telle ; Sans autre examen de ce raiſonnement on nous avertit «qu'il n'y a point «

» de tiers parti entre l'extinction & l'im-
» mortalité des ames, & que l'espérance
» d'un bonheur éternel que les Payens
» fondoient sur l'opinion qu'ils avoient
» de leur vertu, étoit une suite nécessaire
» de la croïance d'un Dieu, de sa Provi-
» dence & de sa Justice.

Il est vray que l'idée d'un Etre infiniment parfait est commune à tous les esprits. Mais Ciceron consultoit-il cette
idée quand il fondoit son bonheur éternel sur une prétenduë vertu qui lui faisoit tout rapporter à lui-même ? Un Etre
infiniment sage a-t'il voulu que l'homme
fût à lui-même sa fin ? Un Etre infiniment juste ne punit-il pas avec la même
exactitude ceux qui ne lui rendent pas ce
qui lui est dû, qu'il récompense ceux qui
le reconnoissent pour ce qu'il est ? Bien
loin donc qu'on puisse prouver par le langage de Ciceron, qu'il reconnoissoit la
Providence & la Justice de Dieu : au
contraire à en juger par ce même langage, il n'avoit ni idée de Dieu, ni idée
de lui-même. On avouë qu'il *manquoit à
Ciceron de connoître la vertu dont le Ciel
sera la récompense.* Il n'en faut pas davantage pour le dépoüiller de toute la
vertu qu'on lui avoit attribuée. Car la
droite Raison ne peut reconnoître d'autre

vertu que celle *dont le Ciel ſera la ré-*
compenſe, ſi l'on perſévére juſqu'à la fin.

Dans l'incertitude où étoit Ciceron
ſur l'immortalité de l'ame, il étoit na-
türel de dire que nôtre condition eſt bien
étrange ſi nous paſſons de l'être au néant,
ou que ſi nous n'y paſſons pas, nous a-
vons grand ſujet de craindre à la vûë de
deux éternitez contraires préparées aux
juſtes & aux impies ; mais il n'a pû dire
autre choſe, ſinon qu'*il faut mépriſer la*
mort, ſi l'ame meurt avec le corps, &
qu'il la faut déſirer ſi l'ame eſt immortel-
le. Et ſi dans certains momens il veut
donner quelques preuves de ſon immortalité, c'eſt toûjours en ſuppoſant ce faux
& pernicieux principe que l'ame tire
d'elle-même toutes ſes connoiſſances, &
qu'elle ſe donne à elle-même tout le
mouvement qu'elle a pour le bien.

On ne peut donc pas dire que les hommes *ayent eu beſoin des inſtructions de*
Ciceron ſur la vieilleſſe & l'amitié, ni
qu'il *ſe ſoit muni lui-même par avance*
de ce qui pouvoit diminuer les horreurs
de la mort. Il eſt viſible au contraire que
ſes maximes corrompent la ſociété par
l'oppoſition qu'elles mettent entre Dieu
& l'homme, qu'elles rendent la vieilleſſe honteuſe par l'eſprit profane qu'elles

entretiennent, & qu'elles préparent une mort terrible par la securité funeste où elles tendent à nous établir.

CHAPITRE XLIII.

Les excés des Stoïciens sur le mépris des richesses. Opposition de leurs sentimens à la Doctrine de Jesus-Christ.

I. PARADOXE.

UNe vertu qui n'est pas fondée en raison, est ridicule quelque forme qu'on lui donne, & son ridicule croît à proportion qu'on prétend la rendre éclatante. Ciceron du plus haut de son esprit » découvre que » l'argent, les maisons » superbes, le commandement & la vo-» lupté même ne sont pas des biens, par-» ce que la possession de ces choses, non-» seulement en augmente le desir de plus » en plus, mais encore tient l'ame dans » une crainte perpétuelle de les perdre. » Nos Ancêtres ont eu tort de les appel-» ler des biens : ils ne pensoient pas com-» me ils parloient : ce qui est un bien ne » peut tourner en mal à personne, & on » ne peut n'être pas bon avec ce qui mé-» rite le nom de bien. Cependant l'ar-» gent tourne souvent en mal à ceux qui
le

le possédent, & ceux qui en possédent «
le plus, ordinairement ne font pas les «
plus gens de bien.   «

Ainfi Ciceron banniffant les opinions
populaires, ne dit point qu'un homme
pour avoir perdu fes meubles ou fes bef-
tiaux, foit privé de fon *Bien.* Il nous renvoye à Bias, lequel fortant de *Prienne* fa
patrie que les ennemis alloient piller,
répondit à ceux qui s'étonnoient de ce
qu'il n'emportoit pas comme les autres
fes meubles & fon argent: *je porte tout
avec moy.* Ce fage Grec regardoit les richeffes comme des *joüets* de la fortune,
& il n'appelloit *Bien* que les actions de
vertu.

Ciceron ne diftinguant point l'ame d'a-
vec le corps, confond les biens de ces
deux fortes de fubftances, & tombe toûjours dans les extrémitez lorfqu'il parle
des uns ou des autres. Les richeffes font
des biens. C'eft être outré que de le nier.
Mais ce font des biens pour le corps;
L'ame en a d'autres qui lui font propres:
mais qui n'empêchent pas que ceux-ci ne
foient véritables dans leur efpéce. Bias
avoit raifon de les appeller des joüets de
la fortune, car rien n'eft plus fujet au
changement. Mais fi dans le moment qu'il
fortit de *Prienne* il avoit été preffé de la

X

faim : peut-être n'auroit-il pas néglig[é]
les moyens de trouver à manger. La ver[t]u est le bien de l'ame, mais en travai[l]lant pour l'ame, il ne faut pas abandon[n]er le corps.

Les richesses, les honneurs, le com[m]andement sont depuis le desordre d[e] nôtre nature, dans l'ordre de la Provi[dence]. Tout cela sert à entretenir la vi[e] humaine. Ce sont comme les liens de l[a] société. Le plaisir n'y est pas moins né[cessaire]. Ce n'est donc pas contre ce[s] choses qu'il se faut déchaîner : il faut re[connoître] au contraire qu'on ne s'en peu[t] passer pour la conservation de la vie pré[sente]. Ce n'est que le désir qu'il en fau[t] condamner ; ce desir ou cet amour aveu[gle], qui pour une substance corruptible pour une vie mortelle, nous fait oublie[r] une substance incorruptible & une éterni[té]. C'étoit sur ce fondement que Jesus[-]Christ disoit anathême aux riches ; & que saint Augustin enseignoit que nous ne devons regarder comme Bien que ce qu[i] nous rend bons. Mais bien des gens pré[tendent] sur quelque ressemblance de pa[roles], que les Philosophes du Paganisme ont eu les mêmes sentimens que les Saints & Jesus-Christ même : ils ne veulent pas voir que Jesus-Christ veut qu'on sacrifie

les richeſſes à l'union que nous avons a-
vec le Créateur, & à l'éternité que nous
voyons devant nous ; que Ciceron au contraire veut qu'on les ſacrifie à l'orgueil &
au contentement de s'élever au deſſus du
vulgaire : ils ne veulent pas voir que Ciceron & les autres Stoïques veulent qu'on
mépriſe l'argent & la magnificence pour
ſe complaire en ſoy-même : complaiſan-
ce qui leur tenoit ſi fort au cœur, qu'ils
ne pouvoient ſouffrir qu'on appellât *Bien*
quelque autre choſe que ce pût être. S'ils
y penſoient un moment, trouveroient-
ils quelque accord entre les Payens & les
Saints ? Non, on ne vient point au mépris des richeſſes par les voyes que Ciceron prenoit. Les Saints ne les ont regardées comme des maux, que lorſqu'elles
nous font oublier la vie future, & ce que
nous devons au Créateur. Ces effets à
part qui n'en ſont point les ſuites néceſ-
ſaires, ils les ont regardées comme des
Biens : & nos Ancêtres ne ſont point blâmables de leur avoir donné ce nom : puiſque ce ſont les ſentimens que nous avons
à la préſence des objets qui doivent régler le nom des choſes, & qu'on a toûjours éprouvé que les richeſſes ſont de véritables biens pour le corps.

Ciceron fait un mérite à Numa, de ce

que dans ſes Sacrifices il ſe ſervoit de vaſes de bois ou de terre, & à Curius de
s'être contenté de raves pour ſon dîner,
Mais il faut bien ſe ſervir de vaſes de
terre quand on n'en trouve pas d'autre
matiere. Et il n'eſt pas ſurprenant de voir
un homme manger des raves quand il ne
connoît pas de mets plus exquis. Ces
exemples prouvent bien qu'on peut ſe
paſſer de magnificence & de friands mor-
ceaux, mais non pas qu'on ſoit toûjours
coupable lorſqu'on porte de l'or, ou qu'-
on mange de la perdrix. *Le Bien*, dit
Ciceron, *que ces grands hommes avoient*
ſçû diſtinguer, fait que celui qui le poſſé-
de s'en ſçait bon gré, & s'en glorifie. C'eſt
marquer ſans équivoque que Curius avec
ſes raves, & Numa avec ſes pots de terre a-
voient de hautes idées de leurs perſonnes,
& s'admiroient eux-mêmes de tout leur
cœur : je ne ſçay s'il ſe trouveroit bien des
gens, comme le prétend leur Orateur,
qui aimaſſent mieux leur reſſembler, qu'à
ceux qui *habitent dans des Palais à l'am-*
bris d'or : mais je ſçay bien qu'il n'y a pas
plus de folie à s'attacher aux choſes qui
flatent les ſens qu'à s'admirer ſoy-même.
C'eſt donc inutilement qu'il rappelle les
Epicuriens à la dignité de leur ame pour
leur faire comprendre l'infamie de la vo-

lupté. *Elle avilit l'homme* , dit-il, *& le met au rang des bêtes ; elle ne fournit à l'ame aucun ſujet de s'admirer , & de s'applaudir à elle-même.* Ce n'eſt pas une raiſon ſolide pour détourner les hommes de la volupté, que de dire qu'elle leur eſt commune avec les bêtes. Il n'avoit pas été révelé à Ciceron que les bêtes fuſſent capables de volupté ; & d'ailleurs bien des choſes qui nous ſont communes avec elles, ne nous ſont point ſi honteuſes. Mais qu'en ce cas toute ſorte de raiſonnement ſoit reçû, je ne vois pas, encore un coup , que ce ſoit un plus grand mal de reſſembler aux bêtes par la volupté, que de reſſembler aux demons par l'orgueil , & par l'opinion de ſoi-même.

CHAPITRE XLIV.

Extravagance de la Perfeſtion Stoïque.
L'eſclavage du Stoïcien

II. PARADOXE.

Ciceron ne trouvoit point que la condition de Régulus fût digne de pitié. Marius dans ſa diſgrace luy avoit paru un grand homme. „ Inſenſez , dit-

» il , vous ne fçavez que le nom de la
» vertu. Vous en ignorez le prix. Il ne
» manque rien au bonheur d'un homme
» qui ne s'appuye que fur luy-même , &
» qui tire de luy-même tout ce qui luy
» eft néceffaire. Celui au contraire, qui
» fe livre à la fortune , eft dans une agi-
» tation continuelle. Il eft toûjours dans
» la crainte & dans les alarmes. Pour
» moy, je compte que mes méditations
» m'ont mis en état de ne rien craindre,
» & de tout méprifer. La mort ne me peut
» pas enlever ma gloire. Je ne la crains
» donc pas. Me fuffifant à moy-même, je
» vivrai également par tout païs. Je com-
» pte donc pour rien l'éxil. Tout état eft
» heureux pour ceux qui ont de la vertu.
» Il n'y a que les infenfez qui font mal-
» heureux par tout. Leurs paffions, leurs
» crimes, leurs remords, la crainte des
» loix les tourmentent jour & nuit.

Voilà la plus pure vertu de Ciceron.
Ne compter que fur foi-même, attendre
tout de fes propres forces ; fçavoir détruire fes paffions, & n'en reffentir aucune , c'étoit la perfection & le bonheur du fage Ciceron.

Le monde, tout livré qu'il eft à la cupidité , ne rejette point cette forte de
vertu, qui le met dans l'indépendance de

la douleur & des paſſions, qui lui donne droit au dédain & à la fierté, & qui l'établit actuellement dans un bonheur que rien ne peut troubler. Mais il ne veut rien rabattre de cet état de grandeur & de béatitude. Au moment qu'on luy parle d'une vertu qui laiſſe la nature dans les infirmitez, & qui ne bannit point les miſéres de la vie, il rentre dans les paſſions, & ſe contente le mieux qu'il peut, par les voyes qu'on luy vouloit interdire. On voit aſſez ſon eſprit en cela. Il ne veut de la vertu qu'à des conditions injuſtes & impoſſibles.

Quelques Sçavans prétendent que la maxime de Ciceron, toute ſuperbe & inſenſée qu'elle étoit dans le Paganiſme, *a ſa vérité dans les principes de la Religion Chrétienne, qui nous apprennent à être contens de tout ce que Dieu nous envoye.* Mais avec tout l'eſprit de foy & de charité qu'il leur plaira de ſuppoſer, il eſt certain que la vertu Stoïque ſera toûjours une chimére. La grace de Jeſus-Chriſt nous fait porter patiemment, & avec joye, les miſéres de la vie préſente, mais il ne s'enſuit pas que le Juſte ne ſouffre rien. Le Stoïcien prétend ſe rendre abſolument inſenſible à la douleur : & le Chrétien ſe ſert de la douleur pour

X iiij

se presenter comme une hostie vivante
devant son Dieu. Il n'y a donc nul rapport de la vertu de l'un à la vertu de
l'autre. On dévroit prendre garde qu'en
voulant établir dans la Religion une vertu chimérique , on anéantit la Religion
elle-même.

Il étoit pardonnable, dit-on, *aux
Stoïciens d'avoir pour ressource contre la
nécessité de mourir, cette prétenduë gloire immortelle, qui ne consiste que dans ce
que des hommes diront de nous , quand
nous ne serons plus* : Je veux qu'il leur
fust pardonnable d'avoir les pensées les
plus extravágantes , & de se repaître de
fumée ; pourquoy en admirant la peinture qu'ils font des méchans , ne pas
tomber d'accord qu'ils n'étoient à couvert que de la crainte des loix humaines;
& qu'au fond leur esclavage n'étoit pas
moindre que celuy des Epicuriens , quoi
que peut-être ils le connussent moins,
ou le cachassent davantage ?

Ciceron *comptoit bien que ses Méditations l'avoient mis en état de ne rien
craindre, & de tout méprifer.* Cela veut
dire qu'il n'avoit appris à n'estimer que
luy-même. Mais si, comme il le dit ,
les insensez sont toûjours malheureux,
le malheur des Superbes est extrême.

Car ce font les plus infenfez. Il n'y a pas de folie comparable à celle de s'attribuer tout à foy-même ; d'attendre tout de foy-même , de n'admirer que foy-même.

Quand on eft Chrétien , on ne fe plaint point de tel ou tel éxil , parce qu'on regarde toute la vie comme un éxil : on ne fe plaint point des miféres qu'on trouve par tout, parce qu'on fçait que la vie humaine eft un état de fouffrance & de facrifice continuel. Mais on ne trouve rien d'aimable dans le monde , on ne fe croit point heureux d'y demeurer. Et le Stoïcien qui fe dit heureux en tout état, n'eft pas moins méprifable par fa diffimulation, que miférable par les maux qui fondent fans diftinction fur tous les hommes.

CHAPITRE XLV.

On fait voir contre les imaginations de Ciceron, que l'homme demeure nécessairement imparfait durant la vie.

III. PARADOXE.

„CIceron.„ Puis que les pechez ne „consistent qu'à faire ce qui n'est pas „permis, il n'y a point de plus & de „moins dans les pechez. Car il n'y en a „point dans ce qui n'est pas permis. Le „mal est de passer la ligne qui distingue „le bien d'avec le mal. Tout est égal „quand on a passé cette ligne. Les vertus sont égales entr'elles. Les pechez „font donc égaux entr'eux. Quelle différence y a-t'il de l'intrépidité d'un homme, à l'intrépidité d'un autre ? De „deux choses droites, l'une ne l'est pas „plus que l'autre : il en est de même de „ ce qui est tortu. Donc il y a une parfaite égalité entre les vices comme entre „ les vertus. . . . Nous ne devons pas nous „ régler sur les sentimens des Crocheteurs ; nous devons donc prendre pour „régle ceux de Socrate. Lors qu'il éta-

blit l'égalité des vices, il met une di- «
gue aux deſordres. Demander s'il n'y «
a pas de différence entre tuer ſon pére, «
& ôter la vie à un eſclave : la queſtion «
eſt un peu cruë. Mais l'action de ceux «
de Sagunte prouve aſſez qu'il y a des «
cas où l'on peut ſans crime tuer ſon «
pére, & qu'il y en a, où l'on ne peut «
ſans crime tuer un eſclave. Le motif «
en décide. Il eſt vray que le crime de «
tuer ſon pére, renferme pluſieurs cri- «
mes ; & c'eſt pour cela qu'il mérite «
d'être puni avec plus de rigueur. Mais «
la punition n'augmente pas le crime. «
Quelque peché que ce ſoit, renverſe «
l'ordre & la raiſon. On ne peut faire «
pis que de renverſer l'une & l'autre. «
Nous avons un remede, réprimons nos «
mouvemens, & tenons-nous dans les «
bornes que la raiſon nous preſcrit. Mais «
ne meſurons pas nos fautes à l'aulne : & «
qu'un Citoyen n'attende pas qu'on ait «
plus d'indulgence pour luy que pour un «
Poëte, à qui on ne pardonne pas une «
ſyllabe de plus ou de moins. «

Les Stoïciens ne vouloient rien d'imparfait : ſentant la dignité de leur nature, ils entroient dans les plus hautes penſées : mais ne connoiſſant ni la Puiſſance
qui les avoit formez, ni la corruption où

ils étoient plongez , il n'y avoit point
d'extravagance où ils ne tombassent. Il
faut que nous devenions parfaits. Cela
est incontestable. Mais il ne faut pas s'i-
maginer que ce soit icy le païs de la perfection ; c'est la terre des infirmitez &
des combats. Pendant qu'on ne joüit que
d'une lumiére mesurée, qui ne nous découvre qu'en général le prix des Ouvrages du Créateur , peut-on être éxacte-
ment juste ? Pendant qu'on habite dans
des tabernacles de poussiére , & qu'on
dépend des mouvemens d'un corps re-
volté , peut-on être parfait ? Assûrément
il n'y eut jamais qu'un parfait dans le
monde. C'est celuy qui n'a eu rien à démêler avec le corps , & qui avoit receu
l'Esprit & la lumiére de vérité sans mesure.

Il ne faut point demander aux autres
l'état de perfection , avant la séparation
de leur ame d'avec leur corps. Jusques-là
toutes leurs meilleures œuvres seront imparfaites , ils ne suivront point dans la
derniére éxactitude la régle de vérité ,
parce que le poids qu'ils portent , les en
écartera toûjours. Mais ils seront justes
dans la disposition de leur cœur ; & c'est
par cette disposition qu'aprés la mort ils
seront transformez : & que joüissant de la

umiére ſelon toute ſa plénitude, affran-
chis des ſens & des paſſions, *ils ſeront
parfaits comme leur Pére céleſte eſt parfait.*

Il ſe trouveroit peut-être par ce principe, que les *Crocheteurs* auroient eu
plus de raiſon que *Socrate* : & ſi l'on y
prend garde, les Philoſophes Payens, en
voulant s'écarter des opinions communes, ont été plus inſenſez que le peuple.

Le Monde néanmoins toûjours oppoſé
au bon ſens, adopte aſſez volontiers
leurs maximes : il demande comme Socrate tout ou rien ; la perfection, ou ce
qu'il eſt. Il veut ou qu'on ne manque en
rien, ou qu'on ſoit cenſé manquer en
tout ; qu'on ne faſſe point de faute, ou
que la moindre ne différe point d'un
gros peché. C'eſt un moyen pour arrêter la cenſure, pour égaler le ſcelerat à
l'homme de bien, & pour demeurer en
repos au milieu des plus honteux déré-
glemens.

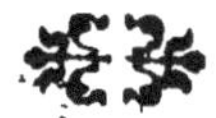

CHAPITRE XLVI.

La misére des plus sages Payens se ma-
nifestoit dans leur fierté.

IV. PARADOXE.

„Ciceron. „On ne sçauroit abattre un
„homme, qui s'est fait un rampart
„de la vertu : on ne peut pas même l'éxi-
„ler, principalement si l'on ne fait que
„le chasser d'une Ville composée de sce-
„lerats. Tu ne m'as point touché en brû-
„lant ma maison. Ma fermeté & ma vi-
„gilance, par lesquelles j'ay fait de si
„grandes actions, mon intelligence &
„ma Raison me font demeurées : c'est
„ce qui fait tout mon bien, & où tu ne
„sçaurois atteindre. Tu me traitte de
„*banni*, c'est me donner ton nom : mon
„prétendu bannissement n'a été qu'un
„voyage qui a relevé ma gloire. Pour
„toy, Phrénétique, qui es un meurtrier,
„un incendiaire, un sacrilége, par tou-
„tes les loix tu es banni.

Voilà Ciceron pur Esprit. Tout ce qui
appartient au corps ne le regarde point :
ou plûtôt voilà l'Esprit du Paganisme à

découvert. L'homme n'y a besoin que
de luy-même. Pendant qu'il paroît malheureux au dehors , il se rend heureux
au dedans : il s'y ménage un empire uni-
versel, qui ne dépend point de ce qui
arrive au corps, & qui n'est point sujet
au caprice. On prétend que Ciceron en
vouloit icy à Clodius. Mais si sa vertu
étoit un rampart, qui le mettoit à couvert de toute insulte ; d'où vient qu'il
témoigne tant de ressentiment contre son
ennemi ? S'il étoit aussi dégagé de son
corps qu'il le prétendoit, d'où vient qu'il
fait une si violente invective pour des
choses qui ne le touchent pas ? La fermeté Stoïque n'est pas icy reconnoissa-
ble : elle ne permettoit pas de murmurer
durant la Goutte la plus aiguë, ni même
dans le Taureau de Phalaris, parce qu'elle rendoit l'ame insensible à la douleur ;
Et nous voyons icy que Ciceron sent, &
se fâche.

De plus , étant homme de bon esprit,
comment ne voyoit-il pas que ce n'est pas
en se faisant valoir soi-même, & en disant des injures à son ennemi, qu'on le
rappelle à son devoir ? Comment ne
voyoit-il pas que ce procédé ne pouvoit
être que pernicieux à cette République
qui luy étoit si chére ? S'il étoit juste, &

toûjours plein du témoignage trop suffi-
sant de ses grandes actions, que ne s'en
tenoit-il à ce témoignage, & à cette satisfaction intérieure, sans faire tant de
bruit? Mais il falloit qu'il se manifestât
luy-même par ses discours, & que les
passions qui le déchiroient au dedans,
éclattassent de quelque maniére que ce
fût. Ainsi, l'imposture n'a pû demeurer
cachée. Le grand homme qui se suffisoit
à luy-même, a découvert sa foiblesse, &
a fait voir que, sa vanité retranchée, il
ressembloit aux autres hommes.

CHAPITRE XLVII.

Le sage Chrétien ne ressemble en rien
au Sage du Paganisme.

V. PARADOXE.

„ **C**Iceron. „ Cet homme est un escla-
„ ve, quelque libre qu'il paroisse :
„ puis qu'en commandant aux autres, il
„ est sous l'empire de ses passions. Je ne
„ crains pas de parler ainsi devant des
„ personnes intelligentes. J'ai appris de
„ tous les grands hommes, qu'il n'y a
„ que le Sage qui soit libre, parce qu'il
n'y a

n'y a que luy qui suive la Raison, & que «
c'est *vivre comme on veut*, que de la «
suivre. Cette Raison exclut la crainte «
des peines dont les Loix ménacent, & «
établit l'homme dans l'amour de son «
devoir, elle le rend parfait : en faisant «
dépendre la fortune des mœurs, elle «
bannit la contrainte de quelque état où «
il se trouve. Ainsi, l'homme est tout à «
luy-même ; c'est par luy-même, & pour «
luy-même uniquement qu'il agit. Tous «
ceux au contraire qui n'ont pour guides «
que leurs passions, sont de véritables «
esclaves. . . . Celuy qui aime une fem- «
me , est en servitude, puisqu'il obéit «
à tous les caprices de cette femme. «
Les amateurs de Tableaux, de Statuës, «
d'Ouvrages cizelez, & de superbes «
Maisons, sont encore des esclaves, qui «
sont aussi méprisables dans la Républi- «
que , que les esclaves qui frottent & «
qui nétoyent ces choses dans les Mai- «
sons particuliéres. Si vous avez été Gé- «
néral d'Armée, ou Gouverneur de Pro- «
vince ; où sont les qualitez que deman- «
dent ces grands emplois ? Un Tableau «
vous doit-il occuper ? Si Mummius vous «
trouvoit à la poursuite des Ouvrages «
de Corynthe, ne vous prendroi-il pas «
pour un esclave destiné à nétoyer nos «

Y

,, Galeries ? Si Curius vous trouvoit fai-
,, fant parade de vos viviers & de vos
,, beaux Poiſſons, vous croiroit-il capa-
,, ble de quelque choſe de grand ?.... :
,, Celuy qui a mille complaiſances, mille
,, aſſiduitez pour un vieillard dont il de-
,, ſire la ſucceſſion, n'eſt-il pas un eſcla-
,, ve ? Celuy qui fait ſa cour à un *Cethé-*
,, *gus*, qui ſe contraint nuit & jour pour
,, luy plaire ; qui luy fait des preſens ,,
,, & qui luy demande lâchement ſa pro-
,, tection, n'eſt-il pas un eſclave ? Celuy
,, que le ſouvenir de ſes crimes tient
,, dans une crainte continuelle, n'eſt-il
,, pas un eſclave ? A quoy penſoit Craſſus,
,, quand dans une de ſes Harangues il
,, diſoit : *Ne ſouffrez pas que nous ſoyons*
,, *eſclaves de perſonne que de vous ?* Un
,, honnête homme doit-il, & peut-il dé-
,, pendre de perſonne ?

Voilà l'indépendance & la ſuffiſance
à ſoi-même parfaitement établie. Le caractére de Ciceron ne ſe dément point.
Il eſt vray que les amans, les amateurs
de Statuës, de belles Maiſons & de bi-
joux, les flatteurs, & les ambitieux, ſont
autant de malheureux eſclaves : & *les*
grands hommes ont eu raiſon de dire ,,
qu'il n'y a que le Sage qui ſoit libre.
Mais la queſtion icy eſt de ſçavoir ſi un

homme ſage eſt à luy-même ſa lumiére
& ſa loy, s'il n'agit que par luy-même
& que pour luy-même. En un mot, ſi
pendant qu'il s'affranchit de la dépendance des créatures, dont il a reconnu
l'impuiſſance, il ne s'abaiſſe pas ſous la
main qui donne & qui ôte la vie.

Pour moy, je tiens qu'un homme ſage reconnoît qu'il n'eſt que ténébres à
luy-même, & qu'il eſt en épreuve ſous
la cupidité ; je tiens qu'il agit par dépendance de l'ordre éternel, toûjours
préſent aux Intelligences ; que c'eſt ſur
cet ordre qu'il forme tous ſes deſſeins,
& qu'il régle toute ſa conduite : je tiens
que dans les combats qu'il a à ſoûtenir,
il a autant de défiance de luy-même,
que de confiance en celuy qui luy ordonne de combattre ; & je ſoûtiens qu'on
ne peut être Chrétien, & avoir une autre
idée du Sage.

CHAPITRE XLVIII.

Ciceron, suivant ses propres principes,
étoit dans une honteuse pauvreté.

VI. PARADOXE.

„ **C**Iceron. „ Vôtre joye est d'avoir de
„ grandes richesse s, la mienne est de
„ connoître la vérité- Vous n'êtes peut-
„ être pas si riche que vous pensez. Si ce
„ que vous avez vous suffit ; si vous ne
„ désirez rien davantage , vous êtes ri-
„ che. Mais si vous mettez tout en usa-
„ ge , si vous employez également la
„ fraude & la violence pour augmenter
„ vôtre bien, vous êtes dans une étrange
„ disette. Le grand nombre de passions
„ que vous voulez contenter, sont com-
„ me autant de filles à marier : voyez si
„ dans cet état on est riche. Vous avoüez
„ vous-même, que vous ne le serez que
„ lors que vous pourrez entretenir une
„ armée de vos revenus. Vos crimes &
„ vos bassesses prouvent encore plus que
„ ce que vous dites. Vous avez un grand
„ mépris pour un homme de ma fortu-
„ ne. Mais Fabrice , Curius, Scipion vous

valoient bien : ils méprisoient l'or, «
mais ils avoient la vertu en partage , «
laquelle étant plus estimable que l'or, «
rend l'homme véritablement riche. Le «
beau revenu que l'épargne ! Les grands «
revenus de cet homme ne luy suffisent «
pas pour contenter son luxe ; il ne peut «
pas même payer ses dettes. Pour moy, «
de mon petit revenu je tire ce qui m'est «
nécessaire , & j'en ai encore de reste. «
Qui de nous deux est le plus riche ? «
Pour être riche , il faut imiter Manilius, «
ne rien désirer , n'aimer point à toû- «
jours-acheter , se contenter de ce qu'on «
a ; faire provision de vertu , puis que «
c'est un bien qui nous peut encore «
moins être enlevé que des pâturages & «
des prairies. «

Il faut, pour être riche, avoir la vertu de Ciceron. Car s'il renvoye aux Fa-
brices , aux Curius , & aux Manilius,
ce n'est que pour se faire mieux regarder. Quoy qu'il en soit, il n'étoit pas nécessaire de quereller Crassus , pour nous
apprendre que de désirer sans cesse des
richesses, c'est être toûjours pauvre. On
le sçait assez. Mais celuy qui dans son
renoncement aux richesses , ou dans sa
médiocrité, est tout plein de luy-même;
n'est-il point encore plus pauvre & plus

misérable ? C'est en quoy les hommes
font fort sujets à se méprendre, & d'où
l'on ne les tirera pas par les maximes
de Ciceron. La maniére dont il a parlé
des Esclaves, a fait connoître qu'il l'é-
toit plus que perfonne, par fon orgueil,
& par l'opinion de luy-même, il nous
convainc préfentement, que ce même
orgueil le reduifoit à la plus honteufe
pauvreté.

Ce n'eft pas proprement des richeffes que la Raifon veut que nous nous
détachions, c'eft de l'amour de nous-
mêmes. Ainfi, tout ce que dit Ciceron
partant du fond de cet amour, & ne
tendant qu'à l'établir de plus en plus
dans tous les cœurs ; il eft évident que
rien n'eft plus oppofé à la Religion, que
le langage de ce Payen.

CHAPITRE XLIX.

*Source unique de docilité par rapport à
la Morale. Quel genre d'étude s'y
accommode.*

Quand on confidére la diffipation
prodigieufe de la vie des hommes,
ce tumulte où ils paffent leurs jours, ces

amas de plaisirs qui se presentent à eux,
ces phantômes de grandeur & de distinction qui les assiégent, il n'y a plus rien
de surprenant dans la répugnance qu'ils
ont pour les régles de la Morale. Comment veut-on que des hommes toûjours
répandus au dehors goûtent ce qui ne se
fait sentir que dans le silence intérieur ?
Comment veut-on que des hommes qui
ne connoissent que la vie sensible, qui ne
se font jamais occupez que de ses besoins
ou de ses agréemens , qui se soûtien-
nent les uns les autres par l'exemple des
mêmes soins & des mêmes occupations,
écoutent ce qu'on leur dit d'un genre de
vie opposé à tous leurs projets, contraire à toutes les mesures qu'ils ont prises,
ennemi de tous les sentimens qu'ils ont
toûjours éprouvez , & qu'ils éprouvent
actuellement ? Non. Les hommes tels
qu'on les trouve communément , ne
sçauroient être dociles par rapport aux
vrais biens. On ne peut les détourner
des objets d'une passion, qu'en leur pre-
sentant ceux d'une autre : il faut, pour
suspendre l'ardeur qu'ils ont pour les
plaisirs, les prendre par leur orgueil qui
ne leur est pas moins cher , & les tenir
ainsi toûjours occupez d'eux-mêmes ;
parce que naturellement ils ne sçavent

aimer & rechercher qu'eux-mêmes. C'est
ce qui a répandu dans le monde cette
Morale superbe, qui perce jusques dans
le lieu saint. On a voulu instruire les
hommes selon leur goût, & on s'est trompé soi-même.

Mais quoy! Ne parlera-t'on point aux
hommes sur leurs devoirs les plus essen-
tiels? Il faut leur parler sans cesse ; mais
il faut aussi que celuy qui les a formez,
les réforme & leur inspire un nouveau
goût & un nouvel amour. Alors ils se
rendent attentifs ; & ce qui ne faisoit
que frapper leurs oreilles, leur devient
salutaire par les réfléxions qu'ils y font.
Ils passent du dehors au dedans , & là
ils comprennent qu'ils ne sont qu'infir-
mité & misére ; que tout ce qui passe est
indigne de leur attachement ; qu'ils en
sont indignes eux-mêmes ; & qu'il n'y a
de réel que la vérité & la justice que le
monde méprise.

Sans des retours de cette sorte sur soi-
même, mais sérieux & continuels, peut-
on penser qu'on rapporte à Dieu aucune
action de la vie ? Il ne suffit pas de rapporter à Dieu nos actions , il faut que
Dieu les accepte. Et peut-il les accepter,
si nous ne ressentons nôtre néant en présence de sa Majesté suprême ; si nous ne
méprisons

méprisons la demeure des pecheurs , &
si nous n'aspirons sans cesse à la Terre
des vivans? Peut-il nous écouter, nous
regarder, lors que nous ne sacrifions pas
tous les désirs , & tous les desseins de
la Nature à la loy de justice , qu'il suit
inviolablement lui-même ?

Il ne faut donc point se faire illusion
par des distinctions d'ordre naturel, &
d'ordre surnaturel; de raison divine , &
de raison humaine ; de Religion & de
societé civile. On n'est raisonnable que
lors qu'on suit la lumiére de vérité, qui
ne se divisa jamais : il faut, dans quelque ordre qu'on se trouve, n'aimer que
Dieu , n'agir que pour Dieu. La Religion a ses devoirs , & la societé civile
a les siens ; mais il faut s'acquitter de
tous dans le même esprit : par tout un
grand mépris pour le monde ; par tout
un grand amour des vrais biens ; par
tout un renoncement entier à soi-même :
& par conséquent si on veut faire servir
la nature à la Grace , & contribuer de
tout son possible à rentrer dans l'état où
l'on doit être devant Dieu , il faut travailler à reconnoître les erreurs des
sens, les illusions de l'imagination, les
impostures des passions , toutes sources
d'iniquité, ou de l'attachement au mon-

Z

de, & à nous-mêmes. C'est de là que
dépend la science utile, & sans quoy on
n'est sçavant qu'en confusion.

CHAPITRE L.

Fruits & caractéres de la Philosophie Chrétienne.

LE plus grand prodige de la Religion,
c'est la maniére dont elle s'est établie : le merveilleux de la Morale, c'est
qu'elle conserve sa pureté, & qu'elle
demeure inaltérable pendant même qu'-
elle passe par les canaux les plus impurs.
Le plus étonnant, c'est d'entendre les
hommes, & de les voir faire. Ils expri-
ment souvent par des paroles ce que la
Religion renferme de plus sublime &
de plus humiliant, & ils font actuellement
dans la dissipation : ils racontent les merveilles que Dieu opére continuellement,
& ils se livrent actuellement au monde :
Ils publient la puissance de Dieu, & la
sage distribution qu'il fait de tous les
biens & de tous les maux ; & ils attendent actuellement leur bonheur des
créatures : ils avoüent la fragilité de la
vie humaine, & l'injustice des plaisirs,
& ils ne cherchent actuellement qu'à

vivre dans la volupté ; ils reconnoissent
la bassesse de l'homme, son impuissance, son opprobre, ses miséres infinies ;
& ils ne songent actuellement qu'à s'é-
lever, qu'à se faire valoir ; leur contenance tend à plaire, & à se faire admirer. Qui compareroit, par exemple,
chaque verset d'un Pseaume, avec les
dispositions de tel ou tel qui le recite ?
Quelle imposture ! quelle impudence !
quelle dérision dans ces recits ! Tel est
l'homme aujourd'huy : c'est un assemblage monstrueux d'idées, de sentimens,
de paroles & d'actions qui se contra-
rient. Dieu de toute éternité l'a vû tel
qu'il est, humble & tremblant dans le
danger, insolent & fier aprés la tempête : Dieu l'a toûjours vû luy donner
d'une part des paroles ; & de l'autre se
donner luy-même au mensonge, & à la
vanité. Il n'est donc pas surprenant que
Dieu le souffre dans ses égaremens &
dans ses contradictions. Dieu sçait par
où achever l'ouvrage qu'il s'est pro-
posé.

Nous devons en cela imiter Dieu même,
& laisser passer les desordres & les scanda-
les, sans troubler nôtre repos. On trouve à tous momens des esprits sévéres,

qui fe déchaînent contre les violences
de l'un , contre les impoftures de l'autre , contre tel ou tel hypocrite. A les
entendre , c'eft le zele de la Maifon de
Dieu qui les anime ; & fi on ménageoit
moins la reputation des coupables , le
nombre n'en feroit pas fi grand. Pure
illufion ! Si l'expérience avoit appris ,
qu'en mettant à découvert la conduite
d'un fcélerat, on retirât quelqu'autre du
précipice , ce feroit le bon parti que de ne
rien diffimuler. Mais elle apprend , au
contraire , que la cenfure la plus rigou-
reufe , & les traits les mieux marquez,
ne fervent qu'à divertir les uns , & à ai-
grir les autres ; ceux-cý parce qu'ils s'y
reconnoiffent eux-mêmes : ceux-là , parce qu'ils voyent qu'ils ne manquent pas
de femblables.

D'où l'on doit conclure , que le devoir de celuy qui fçait la Morale , c'eft
de demeurer caché , fans s'occuper de la
conduite des autres hommes , fes propres affaires luy fuffifent : il fait beaucoup s'il fe tire du naufrage. Pendant
que les autres pourfuivront les honneurs
du fiécle , il doit s'anéantir devant Dieu:
pendant qu'ils courent aux plaifirs fenfibles, il doit combattre fes paffions., &

faire à Dieu un continuel sacrifice de
luy-même : pendant qu'ils travaillent,
qu'ils s'inquiétent, qu'ils s'agitent pour
la Terre, il doit n'avoir en vûë que sa
Patrie. Pendant qu'ils vivent sous l'empire des sens & de l'imagination, il
doit se tenir ferme à la Loy éternelle,
la méditer, en faire ses délices. Voilà
l'usage de la saine Philosophie, sans cette pratique, elle ne fait que des malheureux, qui pleins de leurs idées, se
liguent contre la fortune ; mais qui faute
d'un fondement solide, perdent également les vrais & les faux biens.

F I N.

EXTRAIT DU PRIVILEGE
du Roy.

PAR Grace & Privilége du Roy, donné à Paris le quatriéme jour de Novembre 1694. signé par le Roy, DUGONO, & scellé du grand Sceau de cire jaune : Il est permis à PIERRE DELAULNE, Libraire - Imprimeur de Paris, d'imprimer ou faire imprimer en un ou plusieurs volumes, vendre & débiter par tout le Royaume, pendant six années, un Livre intitulé : *Le discernement de la vraye & de la fausse Morale.* Et défenses sont faites à tous Libraires, Imprimeurs, ou autres, d'imprimer, vendre, distribuer, ou contrefaire ledit Livre, sous quelque prétexte que ce soit, sans le consentement dudit DELAULNE, ou de ses Ayans cause, à peine de trois mille livres d'amende contre chacun des contrevenans, confiscations des Exemplaires contrefaits, & de tous dépens, dommages & interests, ainsi qu'il est plus amplement porté audit Privilége.

Regiftré fur le Livre des Libraires &

*Imprimeurs de Paris le 14. Decembre
1694.*
Signé P. A u b o u y n Syndic.

Achevé d'imprimer pour la premiére
fois, le 15. Mars 1695.